U0733054

你所不知道的胡适

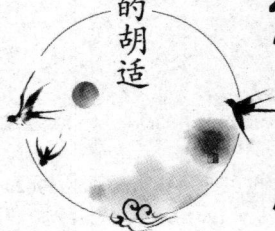

徘徊在

情感和理智之间

叶紫莹·编著

中国青年出版社
CHINA YOUTH PRESS

中書甜猫

图书在版编目（CIP）数据

徘徊在情感和理智之间：你所不知道的胡适 / 叶紫莹编著．—北京：中国青年出版社，2015.10

ISBN 978-7-5153-3919-1

Ⅰ．①徘… Ⅱ．①叶… Ⅲ．①胡适（1891～1962）— 人物研究 Ⅳ．① K825.4

中国版本图书馆 CIP 数据核字（2015）第 246091 号

徘徊在情感和理智之间——你所不知道的胡适

叶紫莹　编著

出版发行：中国青年出版社

地　　址：北京市东四十二条 21 号

邮政编码：100708

电　　话：（010）50856188/50856199

传　　真：（010）50856111

企　　划：北京中青雄狮数码传媒科技有限公司

责任编辑：刘冰冰

封面设计：陈　燕

印　　刷：北京市玖仁伟业印刷有限公司

开　　本：880×1230　1/32

印　　张：9.25

版　　次：2016 年 1 月第一版

印　　次：2016 年 1 月第一次印刷

书　　号：ISBN 978-7-5153-3919-1

定　　价：29.00 元

本书如有印装质量等问题，请与本社联系

电话：（010）50856188/50856199

读者来信：reader@cypmedia.com

投稿邮箱：author@cypmedia.com

如有其他问题请访问我们的网址：http://www.cypmedia.com

前　言

　　五四时期的新文化运动领军人物，著名的学者胡适先生，终生是一位"自由主义"的倡导者。在学术以及文化方面，对中国近现代的影响颇深。他说：自由主义最浅显的认识就是尊重自由，容忍则是自由的根本。"情愿不自由，也就自由了"，是对自由的定义。对人的隐忍，是实践自由的一种方式。

　　对于人生如此，对于爱也是如此。

　　胡适还是诗人，他大力倡导白话诗歌，是中国的第一位白话诗人。诗人最重要的特点就是多愁善感，胡适也不例外。

　　处于新文化与旧思想的交替阶段，胡适同时也是个奇特的交织体，性格中充满了旧文化与新思想的冲突。蒋介石送他的挽联说得好："新文化中旧道德的楷模，旧伦理中新思想的师表。"这一句精确地概括了胡适的性格特征。而对于此种冲突的处理，充分印证了胡适对"自由主义"的定义。

胡适对婚姻与爱情的态度，也充满了这种新文化与旧思想的交织。一方面遵循母亲为他安排的婚姻，与一位完全无法进行深层次思想交流的乡下女子结婚；另一方面实现了思想的自由。他可以将婚姻生活处理得和谐美满，同时又与多名红颜保持着思想的交流。

有人认为胡适为人懦弱，对妻子不忠实，对红颜知己逃避责任，实在是个不值得去爱的人。

韦莲司五十岁左右的时候，曾经有两个男人同时追求她，想与她成婚。韦莲司便试探地询问胡适的意见。胡适给予的回答让韦莲司很不满意。他说让她从中挑选一个结婚。韦莲司对胡适的爱，他是知晓的，却如此地轻视他们的感情。此刻的她，对胡适产生了深深的失望。

而从胡适的想法来说，若是韦莲司结婚的话，可以给她一个稳定的家庭，有人做个伴，并不会对他们之间的感情有什么影响。

最终的结果是：他们之间表面上离得远了，书信中再无火热的语言，但是在心灵上贴得更近，走进了彼此内心的深处。

而其他的红颜，如美国的洛维茨，在嫁给杜威之后，几乎就不与胡适来往。看护哈德曼，是一个从来不提要求只会默默奉献的女人。她与胡适的关系保持得最长，关系也最为亲密。在胡适做驻美大使以及卸任驻美大使未归国的数年内，他们的来往十分频繁。一直到后期，胡适回到台湾之后，才渐渐地疏离了。

胡适对待情感，体现出来的是自由中的隐忍。

　　关于婚姻，胡适对待妻子江冬秀的态度，也体现出了自由与隐忍。他最常挂在嘴边的就是怕老婆，经常自称PTT协会的，还写了新三从四德。他对江冬秀是极其宽容的。她写的信错别字连篇，没点耐心几乎读不明白。但是胡适经常夸奖她写得好，给她信心。江冬秀爱打麻将，经常影响到他的工作，他不会发脾气，而是耐心想办法来解决、调和。

　　在美国时，江冬秀因为找不到牌搭子而生气，是他耐心地挨个儿给人打电话，邀请前来他家打牌。中年时，因为江冬秀不让他给徐志摩与陆小曼做证婚人，生了好久的气。他在出差的路上，接连写去几封信进行沟通，还送了一束花给她，并且问回去时需要什么礼物。

　　胡适对江冬秀的隐忍，以及给予的自由，使得他们的婚姻十分美满。江冬秀是个火暴脾气，而在胡适的跟前，轻易也发不起火来。

　　总而言之，纵观胡适的一生，他将自由发挥到能力的极限，而关于他的人生故事和情感纠葛，或许，后人能够给出一个客观、全面的评价。

目 录

目
录

热情爽朗的江冬秀

江冬秀档案

出生地：安徽省旌德县江村

出生日期：1890年12月24日

家人：父亲江世贤，出身旌德县望族，早逝。

母亲吕贤英，出身官宦之家。

外祖父吕佩芬，为清末翰林。

丈夫胡适，民国时期国学大师、学者、诗人。

经历：1.小时读过几年私塾。

2.1904年，15岁与胡适订婚。

3.1917年，28岁与胡适结婚。

4.1950年随丈夫赴美，在纽约居住了多年。

5.1961年从纽约来到中国台湾，从此定居。

6.病逝于1975年。

"胡适大名垂宇宙，小脚夫人亦随之。"当年，胡适与其夫人江冬秀的婚姻曾被称为民国七大奇事之一。这一方面说明了胡适在当时拥有极大的影响力，另一方面则表达了对这位新文化运动先驱者婚姻的困惑与调侃。据说当年胡适结婚的消息传开后，北平的报纸上刊登了这样一则逸事：陈独秀拍着桌子冲胡适喊："你要认我是朋友，今天就和你的丑老婆离婚！"

对于朋友们的质疑，胡适笑眯眯地说："这桩婚姻带给我的只有好处。"

在那个时代，留学归来的文化人与乡下媒妁之言的妻子离婚，是最时髦的事情，也很少受到舆论的谴责。普遍认为是思想的进步，时代的进步。作为新文化运动的先锋，胡适一方面在外面大喊自由民主，另一方面却顺从了母亲的意思，娶了与自己思想差距极大的江冬秀。

还在美国读书的胡适，曾在26岁那年作诗云："岂不爱自由，此意无人晓。情愿不自由，也就自由了。"

这便是胡适对待这桩婚姻的诠释。面对江冬秀，胡适给予最大的容忍与关爱，从而留下了一段美丽佳话。唐德刚曾经说，江冬秀是民国时期的最后一位"福人"。这话是有几分道理的。

但是，无论哪种言辞，一味地称赞拥有无数绯闻的胡适，就会忽视江冬秀所起到的积极作用。正如胡适所言，在这段婚姻中，他是占便宜的。江冬秀除了没有文化之外，再没有什么过分的缺点。设想一下，假如当年胡适与江冬秀离婚，娶了小表妹曹诚英，他就比现在更幸福？以他的个性，恐怕很难。

三十夜大月亮，廿七岁老新郎

江冬秀出生在一个仕宦之家，她的外祖父为清末的翰林。在旌德县城里，江家是名门望族。她上过几年私塾，但并没有用心学，识字不多，以至于给胡适写信都困难，全靠后来找人补一补，才勉强写出错别字一大堆的信来。

当年与胡适订婚，江冬秀才15岁，糊里糊涂地就定下了终生大事。她是在封建传统文化下长大的，认为婚姻应该由长辈安排，就心安理得地等着胡适回来娶她。这一等，一直等到了28岁。

要说起来，胡适与江冬秀算是远亲，胡适的姑母是江冬秀的舅妈。有一年，江冬秀的母亲到旺川胡适的姑婆家串亲戚，恰好胡适也跟着母亲在那里。见胡适聪明伶俐，懂事乖巧，江冬秀的母亲一眼看上了他，当即就说想把自己的女儿许配给他。那会儿胡适的父亲已经没了，家境比较贫寒，而江家是大户人家，不怎么般配。再加上江冬秀又比胡适大一岁。当地有谚语：男可大十，女不可大一。此外，胡适属兔，而江冬秀属虎，江冬秀八字太硬了，怕胡适降不住她。基于以上理由，胡适的母亲委婉地回绝了这门亲事。

而江冬秀的母亲还就认准了胡适，不肯死心。她回去后，找来胡适的本家叔叔，在江村做私塾的胡祥鉴做媒。为了促成这门姻缘，胡祥鉴费了百般的唇舌，终于把胡适的母亲说动了，答应把江冬秀的八字拿来看看。待算命先生把胡适与江冬秀的八字放在一起，推断出两人的生肖十分相合，大一岁也不妨碍。又接着将八字放进灶神爷跟前的竹筒中，竹筒里还有过去其他媒婆送来的别的姑娘的八字。过了一些天，家里一切如常，没有不祥的征兆。取出竹筒，摇了摇，随后用筷子夹出一个八字，正是江冬秀。直到这时，胡适的母亲才彻底折服，接受了江冬秀这个媳妇，婚事便定了下来。

从一开始，胡适对这门婚姻就十分抵触。尤其是他外出求学，在上海上了数年的学，见识到外面的世界，更加不愿意接受这桩婚姻。但是，他不想直接与母亲顶撞，便一个劲儿逃避，拖延时间，期望拖久了会有变化。每当母亲催婚，胡适总是能想出一些理由来推脱。

有一次，他甚至拍了张照片，照片上的胡适面带愁容，说是因为学习过度劳累而导致的，这样怎么回去结婚。1908年，拒绝回乡完婚的胡适在信中说："男手颤欲哭，不能再书矣。"下面称："儿子嗣糜饮泣书"。他还在《竞业旬报》上，用"铁儿"的笔名发表了《婚姻篇》一文，文中讲：

> "中国男女的终身，一误于父母之初心，二误于媒妁，三误于算命先生，四误于土偶木头，便把中国四万万的人，合成了许许多多的怨偶。"

热情爽朗的江冬秀

这正是他自己的心声。接受了新文化思想后的胡适，想要奋力抗击，但他是在传统文化教育中长大的，对严格管教他的寡母十分忠孝，造成他有此言论，却不敢公然抵抗。

不肯成亲的胡适又去了美国留学，迟迟不归，甚至还传来他在美国结婚的消息，可把胡母和江家吓坏了。胡适写信回来辟谣，他们这才放心了一些。

胡适外出求学，一去就是十几年，在家乡等待的江冬秀很快成了年近30的老姑娘。她虽然保守，但却不刻板。知留洋的未婚夫追求新思想，在胡适书信的鼓励下，把裹了多年的小脚放了足，还积极地读书，多识字，就为了能给胡适写信。

江冬秀的放足行动果真得到了胡适的赞赏，家信中不住地称赞未过门的妻子。在那个时代，又是食古不化的农村，江冬秀这个大户人家的女儿，做出放足的行动，的确是需要一些勇气的。

江冬秀虽没有文化，但自有她的见识。每年农忙的时候，她都要到胡适家住上几个月，帮助胡母耕种。在家中是大家闺秀，什么都不做，而到了这里，每一样活都得她亲自动手。有一次，同为江家和胡家的一位亲戚恰好住在胡家。见江冬秀一大早正在院子里扫地，十分惊讶，江冬秀冲他哭了一通鼻子，然后告诉他不要把事情说出去。但后来江家还是知道了此事，专门为此买了一个丫头。但很多事情胡母还是坚持要江冬秀亲自来做。

这些事都是胡适在晚年的时候说的。可见江冬秀在婚前为婆家做的这些事，胡适十分感动，深深地印在脑海中，直到老年也未曾忘却。

1917年1月，胡适因恋爱受挫而郁郁寡欢，后来生病躺在宿舍的床上，脑海里满是灰心沮丧的诗句。

就在这时，他收到了江冬秀写来的信。信中虽然错字连篇，毫无章法，但却使胡适感动不已。阅后写得一诗：

　　"病中得她书，不满八行字，全无要紧话，颇使我欢喜。我不认识她，她不认识我，我总常念她，这是为什么？岂不爱自由？此意无人晓：情愿不自由，也是自由了。"

经过了几番的恋爱与挣扎，年近30的胡适终于得以想明白，接受了这位等他达13年之久的未婚妻。

胡适之所以情愿不自由，除了为照顾母亲等人的情绪之外，更是他在学术上的成熟所致。他的不自由，是建立在让旁人自由的基础上。他情愿不自由了，因而获得了自身的自由，其他的人也得到了自由，皆大欢喜。

1917年6月，刚刚递交了论文，胡适就迫不及待地赶回国，回乡筹备婚礼一事。

回到家乡之后，胡适前去江家商议婚事，曾经想见江冬秀一面。此时，江冬秀的寡母已经去世，家中的一切由她的大哥来操持。洋博士回乡娶亲，在当地引起一阵轰动，住在附近的老乡都跑来瞧。姑婆将胡适往江冬秀的房间里带，走

热情爽朗的江冬秀

进去，并不见人影。胡适一抬头，只见床幔已经放下，遮掩得极严实，但觉床幔在微微地颤抖。仔细看过去，江冬秀在里面轻声地哭泣。

江冬秀在晚年的自传中也提及这一段旧事。当时她的心情十分复杂，等了13年的未婚夫婿前来，她很想见却又不敢见，着急之下躲到床幔里去，难过得直哭。

此番看来，待嫁的江冬秀实在是个单纯而又可爱的女子。

当姑婆刚想要上前掀开床幔之时，胡适一把拉住姑婆的手，制止住了。随后也没有强行要见江冬秀。

他在想：她躲着不见我，这么多人看着，在我看来是丢了面子。而若是在众目睽睽之下，强迫她出来见我，她岂不更丢面子。

留学归来的胡适，已深深地领略到"自由"的真谛。

他理解了江冬秀的行为。当晚，胡适在江家住了一夜。专门给她写了一封信，信中还把与江家大哥商议好的结婚日期写了上去。

"昨日之来，一则欲与令兄一谈，二则欲一看姊病状。适以为吾与姊皆二十七八岁人，已常通信，且曾寄过照片，或不妨一见，故昨晚请姊一见。不意姊执意不肯见。适亦知家乡风俗如此，绝不怪姊也。适已决定十三日出门，故不能久留于此，今晨须归去。幸姊病已稍愈，闻之甚放心。姊好好调养，秋间如身体已好，望去舍间小住一二月。适现在不能定婚期，然冬季决意归来。婚期不在十一月底，即在十二月初也。"

这封信，无疑是给羞怯的江冬秀最为安心的保证。

第二天一早回到家中，当母亲问起，他将事情重复了一遍。母亲听了很是生气，就要去找江家算账，胡适百般劝阻下了。之后再对外人提起，就说是见到了。

后来，胡适将这段趣事填了小词《如梦令》。

"她把门儿深掩，不肯见来相见。难道不关情，怕是因情生怨？休怨！休怨！他日凭君发遣。几次曾看小像，几次传书来往。见见又何妨？休做女孩儿相。凝想，凝想：想是这般模样。"

随后不久，胡适匆匆赶去北大应聘。待他再回来时，已是年底了。

1917年12月30日，胡适与订婚13载的未婚妻江冬秀成亲了。婚礼是按照胡适的建议办的，去除了部分古老的礼仪。

新房的门前贴着一副喜联："三十夜大月亮，廿七岁老新郎。"这是胡适的手书。当时他写下了上联，正在踌躇下联如何接，只见身旁一个看热闹的亲戚脱口而出：廿七岁老新郎！胡适听罢哈哈大笑，觉得又押韵又写实，甚好，便写了下来。

婚礼办得相当简单。新郎一身黑西装，头戴黑礼帽，配着锃亮的黑皮鞋，一身西洋打扮。而新娘则是完全的中式装

热情爽朗的江冬秀

扮，大红的缎裙、绣花鞋，头戴红花，看上去喜气洋洋。新婚夫妇在傧相的带领下，交换了婚戒，之后向主婚人三鞠躬，这就完成了结婚仪式。这等特别的婚礼，使得在场的村民大开眼界。

婚礼是胡适一手设计的，对此他十分得意。

新婚不过50天，胡适不得不离开新婚的妻子赶往北平。他已经被北大聘为哲学系教授，兼哲学研究院主任。

留下江冬秀是为了照顾年迈的胡母。但是还没有3个月，胡适就耐不住寂寞，把江冬秀接到了身边。

胡适的婚事在京城的文化圈引起了轰动。当时流传一句诗："胡适大名垂宇宙，小脚夫人亦随之"，说得很是形象。大家都看不明白，这个号称新文化运动的领军人物，整日嚷嚷着民主与自由，为什么自己却向传统的婚姻低了头。

许多朋友都替胡适惋惜，尤其是江冬秀来到了北平，见过她之后。胡适的好友陈独秀甚至拍着桌子叫他离婚，也有人直接或者婉转地询问他，几乎所有的朋友都对他的行为表示不解。

胡适的日记中这么说：

"谈及我的婚事……许多旧人都恭维我不负旧约，是一种可佩服的事！……这一件事有什么难能可贵之处？他说，这是一个大牺牲。我说，我生平做的事，没有一件比这件事最讨便宜的了。有什么大牺牲？他问我何以最讨便宜。我说当初我并不曾准备什么牺牲，我不过心里不忍伤几个人的心罢了。假如我那时忍心毁约，使这几个人终身痛苦，我的良心上的责备，必然比什么痛苦都难受。其实我家庭并没有什么大不过去的地方。这已是占便宜了。"

胡适所言非虚，与江冬秀婚后的日子，还算是美满的。新婚燕尔，江冬秀被胡适接到北平后，他们的生活过得十分甜蜜。胡适在给母亲的信中写道：

"冬秀说她奉了母命，不许我晚睡，我要坐迟了，她就像个蚊子来缠着我，讨厌得很。"（胡适的信1918年8月3日）

看似责怪的话语中，实则是幸福的倾诉。而从这短短的一句话可以看出：在江冬秀待嫁的13年中，没少接受胡母的严格调教，加上她本身霸气的个性，是为日后"悍妻"形象的伏笔。

在他们婚姻的最初几年，虽然江冬秀已经流露出霸气的习性，但毕竟人还年轻，底气不足。况且夫妇处于热乎当中，有点小性格当作耍耍花腔就过去了，相对是很和谐的。

最为胡适得意的是江冬秀的厨艺。在海外留学多年，十分怀念家乡的饮食。婚后，江冬秀做得一手地道的徽州菜，使胡适在品尝到家乡风味的同时，在朋友们面前也颇有面子。

江冬秀最擅长做徽州锅。那年，胡适的远亲石原皋过30

岁生日，由于他的家眷都在家乡，身旁没有亲人，江冬秀听说就称要给石原皋办一次丰盛的生日晚餐。

当天胡适的家里很热闹，足足来了两桌客人。照江冬秀的嘱咐，石原皋只买了些青菜带过来，剩下的食材完全是江冬秀采购的。大厨也是江冬秀，她忙了快一天，做出一大桌子的菜。其中一道大菜是徽州有名的"一品锅"。取一口大铁锅，直径大概有半米多，所有食材放在锅中煮熟，直接端上桌。上桌的时候，里面的菜还在翻滚。一层是鸡，一层是鸭，再一层是肉，上面还漂浮着一些精致的蛋饺，锅底则铺着一层萝卜和白菜。

据胡适向客人介绍，"一品锅"是当地人招待贵宾时才会做的，极为隆重。酒菜，饭菜，汤，都在这一口锅里了。

除了"一品锅"，当晚还有一道大菜。在一口大砂锅里，放了一只三斤重的母鸡，三斤左右的蹄髈，还有几十只鸡蛋。这一大堆的菜，两桌子的人高高兴兴地吃了数个小时，热气腾腾的，每个人都吃得非常爽快，过瘾。

当然，最高兴的还是胡适。此时的他，为娶到这样的好老婆而感到由衷的幸福。

幸福的日子过得特别快。转眼间，到了第二年，长子胡祖望出世了。胡适本为"无后主义"，但还是没有阻止儿子的降临。他不住地感叹，为此作了首诗《我的儿子》，刊登在《每周评论》上。开头便称：

"我实在不要儿子，儿子自己来了。'无后主义'的招牌，于今挂不起来了！"

胡适不想要儿子，儿子却悄然而至。但总归是件可喜可贺之事，可惜的是胡母在长子出世前数个月已经去世，不然一定更加开心。

婚后的数年，夫妇过了几年顺心的日子，也没见他们发生什么矛盾。1920年，正巧他们的阴历生日赶在一天，胡适写了首诗送给江冬秀，以示庆祝。

> 我病里看书，
> 常说："你又不要命了！"
> 我也恼他干涉我，
> 常说："你闹，我更要病了！"
> 我们常常这样吵嘴——
> 每回吵过也就好了。
> 今天是我们的双生日，
> 我们订约，
> 今天不许吵了！
> 我可忍不住要作一首生日诗，
> 他喊道："哼！又作什么诗了！"
> 要不是我抢得快，
> 这首诗早被他撕了。
>
> ——胡适《我们的双生日（赠冬秀）》

热情爽朗的江冬秀

此首诗有浓浓的闺房乐。字句简单，朗朗上口，短短数言，将夫妻之间打情骂俏的情景勾勒得栩栩如生，很有画面感。可以看得出来，他们经常在一些问题上发生矛盾，虽然都是小事，但江冬秀并不像一般家庭的妻子那样，对丈夫无条件地顺从。她很有主见，出发点都是关心胡适。向来懂得宽容待人的胡适，自然明白。

烟霞洞中的人影

胡适与江冬秀的婚姻经过数年的磨合，渐渐形成了特有的风格。胡适是很有涵养的人，在婚姻中给予了江冬秀一定的家庭地位。而江冬秀在婚前十几年经婆婆的培养，锻炼出一手"驯夫"手段。她管好胡适的衣、食、住、行，保证他的健康，维护自己的家庭。小事情就睁一只眼闭一只眼，轮到大事，绝对不糊涂。

婚姻数年之后，起初的激情渐渐退去，夫妻之间的缺点逐渐明显起来，胡适因而感到有些厌倦。就在这个时候，一个性格温柔又有文学素养的女子出现在他的跟前。她打破了这段婚姻的宁静，也打破了江冬秀对婚姻的所有幻想，因此让江冬秀变得更加成熟，并且在家庭中巩固自己的地位。

她就是胡适的表妹曹诚英。

曹诚英是胡适二嫂的亲妹子，和他没有丝毫的血缘关系。当年胡适和江冬秀结婚的时候，曹诚英是伴娘。当时胡适忙得不亦乐乎，没有注意到这个尚显稚嫩的表妹，一直到了1923年，胡适去杭州疗养，遇到已然成年的曹诚英，胡适忽觉那个幼稚的小女生突然间长大了，长得分外秀美漂亮。

　　因着好感，便多了几分的留意。曹诚英也是个多情的女子。当时正准备和丈夫离婚，她的情绪很不好，多亏胡适几番开导、宽慰。胡适是个谦谦君子，学问极高，从1917年回国，大名便在人们的口里颠来倒去地提及。那个时候，曹诚英就对胡适有几分的好奇与崇拜。她爱好花草，曾经数次给胡适写信，让他帮忙在北平买些稀奇花草的种子，胡适都欣然给办妥当了。经过与胡适的接触，寂寞的曹诚英爱上了她的表哥胡适。胡适也非常喜欢她。他们很快陷入了热恋之中。

　　那会儿，胡适与侄子胡思聪一起住在烟霞洞中。由于没人做饭，放暑假的曹诚英便搬过去同住，负责他们叔侄的三餐。后来，表面上是三人同住，实际上他俩已经同居。

　　徐志摩等朋友去看望养病中的胡适，注意他的脸色绯红，神采飞扬，一点不像有病的样子。徐志摩说他像是年轻了10岁似的。胡适曾在日记中写道：那段时间，就好像是神仙过的日子。

　　这一切，江冬秀尚且不知。她仍在给胡适的家书中不断地提到曹诚英，对她的辛苦照料表示感谢，根本想不到曹诚英已经将胡适照顾到床上去了。

　　徐志摩是个性情中人，一直无法明白胡适为什么能守着

热情爽朗的江冬秀

一个不懂风情的乡下老婆。这当儿，终于与他找到共鸣了，徐志摩在高兴之余，便把消息四处传扬。久而久之，自然传到在北平与文化圈人士走动频繁的江冬秀耳朵里。

考验江冬秀的时候到了。她并没有像大多数女人那样恨不能直接跑到杭州，找这对男女理论，而是不作声，当作不知道一样。鲁莽地将窗户纸捅破了，那岂不是正中了对方的下怀？

江冬秀像往常一样对待胡适。从杭州归来的他像是把魂魄都丢在了西湖里，整天没精打采地发蔫，独自坐着，书也读不进去，眼神发直。这倒也罢，他开始看江冬秀不顺眼，并不像过去待她那么宽容。有几次闹得急了，夫妻吵了起来。终于有一天，在朋友的怂恿下，趁着酒劲，胡适提出了离婚。

这算是捅了娄子，"离婚"二字激起了江冬秀所有的委屈。从婚前的十几年等待，接受婆婆调教时所受的责难，加上得知胡适外遇时的忍耐，所有的委屈顿时汇成一股力气。在一次争吵中，当着数位朋友的面，江冬秀狠狠地掷出去一把裁纸刀。裁纸刀就在胡适的耳边"嗖嗖"地飞过，当即吓了他一身冷汗。他是个书生，绝对想不到一贯以大姐的姿态保护他的妻子竟如此地刚烈。这一刻，他见识到妻子另外的一面。

总之，在吵吵闹闹之中，胡适被迫放弃了离婚的想法。虽然心有怨艾，百般不平，但这次冲突，终于让他发现妻子的厉害之处。

结婚数年，江冬秀十分清楚胡适的软肋在哪里，越是当着朋友的面，越是不给他面子，将此事嚷嚷出去，使尽了女人可以使的所有泼辣。胡适是有名的国学大师，在公众中有面子，在朋友们中间颇有尊严。江冬秀这一闹，胡适把所有的面子全丢光了。

这一场夫妻战役，表面上是江冬秀打赢了，她却没有成功的喜悦。夫妻吵架，不管谁占上风，没有赢家。如同左手与右手厮杀，无论是谁胜利，疼的都是自己。江冬秀是个传统的乡下女子，结婚数年来，一心一意，将所有的心思全部放在胡适的身上。他却移情曹诚英，是很难以接受的。但想想男人就是这样，无论他在外面怎么做，到时候能回家就是好的，毕竟给他生了一双儿子。万万料不到竟会提出离婚，抛弃他们母子，叫她和儿子下半辈子怎么生活？

女人要的是安全感，这一刻，数年婚姻生活中胡适给予江冬秀的安全感全然消失，使这位徽州妇女在痛苦中学会了强大。

同时令她痛恨的，还有曹诚英。都是亲戚，竟然如此不顾身份，回忆起自己对她表示感谢之时，她大概正在丈夫的身旁依偎。想到这些，江冬秀的心就疼得不行，她不能原谅这个不守妇道的女人。

曹诚英一事，带给江冬秀的痛是一辈子的。它打破了江冬秀对婚姻、对胡适的美好幻想。

而在同时，江冬秀是大度的。她知道曹诚英与胡适之间藕断丝连，多少年都没有断了联系。1931年，胡适割盲肠住院。江冬秀大早去给丈夫送饭，一进病房的门，就见丈夫的身边躺着一个人。走近了定睛一看，原来是曹诚英。病床就

那么窄，当着进进出出医生和护士的面，她就敢挤在病床上，紧紧地贴在胡适的身边。这就是读了书，有文化的女子做的事吗？

当时，江冬秀一见，肺都要给气炸了。但她不动声色，一声都没吭，所做的反击就是三天没有搭理胡适，无论他怎么解释。这样的事，如此的大度知理，搁哪个男人都会觉得内疚。所以，要说胡适怕妻，也是有来由的，谁让他做了那么多伤害江冬秀的事。

经过这些，江冬秀要是不把曹诚英恨得咬牙切齿，那真是天外奇谈。但江冬秀不会怎么样，她的泼，得看时候，得看是对谁。

数年之后，江冬秀算是报了仇。

1939年的时候，曹诚英结交了一个男朋友，两个人还算情投意合，很快就到了谈婚论嫁的地步。正当她欢欢喜喜地准备好了嫁妆时，突然间男方竟然退了婚。仔细打听，才得知是江冬秀从中捣鬼的缘故。

真是山不转水转。曹诚英的这位未婚夫有位亲戚在上海，某次打牌的时候，恰巧碰到江冬秀也在同一牌桌。聊天中得知她是旌德江村的人，就向她打听认识不认识曹诚英。江冬秀一听便留了心，说当然认识了，你问这个做什么？那人说我家一个亲戚正要和她结婚呢，所以和你打听一下她的家世和为人。江冬秀顿时感到血冲上了头，把她与丈夫的一段过去讲给了这个人听。这一听，一桩婚事便告了吹。

曹诚英已经人近中年了，眼看着与胡适的婚姻无着，死

了心，这才找了一个看上去还算不错的人家。谁知道就这样
被江冬秀给搅黄了。她该怪谁？怪江冬秀？怪胡适？还是怪
自己？一急之下，就要去峨眉山出家。

远在美国做驻美大使的胡适听说此消息，托人寄过来两
百美元。人是没回来，心思奉上了。最终曹诚英没有出家，
不过她再没有嫁人，孤独了一生。

胡太太的客厅

江冬秀是个热情爽朗的人。不知是受胡适的影响，还是
天性就开朗大方，不甘寂寞，她在北平时，有个胡太太的客
厅。客厅里来往的人都不简单，除了是徽州的老乡会之外，
还是文化圈里没有文化的太太们的天堂。

胡适家的房子甚大，当初买的时候就是考虑到招待客
人。徐志摩、梁实秋等人都住过胡适家的客房。胡适刚做教
授那会儿工资有280元，此外还有各种稿酬、版税等，收入不
菲，可他们几乎没什么积蓄，花钱大手大脚。胡适从来不管
家，更加不管账。家里的事，都是江冬秀在操持。据江冬秀
讲，她太能花钱了。但她花钱，与奢侈的陆小曼不一样，她
几乎都花在了亲戚和朋友的身上。

胡适的大哥、二哥家境不好，三哥很早就去世了，因此

几个侄子的上学娶妻等费用都是由胡适来承担的。说是胡适承担，一手促成的却是江冬秀。有一次，三嫂写信来说没有皮袄皮背心，担心冬天冷。江冬秀刚把一笔款子花完了，手里的钱只够买件皮袄的，她拿钱买了皮袄，又把自己的一件皮袄给拆了，改成背心，一起给三嫂寄了去。二哥身体不好，长期住在胡适家养病，江冬秀始终都是热情地招待。对待胡适的亲戚，就像是她自己的亲戚，从来没当过外人。所以，当时在北平，胡适的近亲到远亲，还有飘在北平的徽州人士，都喜欢到胡适家里找江冬秀。他们的家，几乎成了徽州会馆。

江冬秀大气，待人大方，又有主见，敢作敢当的性格，颇有大姐大的风范，而她成功击退红颜一事，更加使她成了文化圈里没有文化的太太们的崇拜人物。有段时间，江冬秀的麻将桌前，全是这类型的太太，大家聚在一起，除了娱乐搓搓麻将之外，更多的是向江冬秀讨教驯夫的办法。

江冬秀的泼辣与勇气带给文化圈精英们一股寒气，倒是鼓舞了诸多没文化的小脚太太们。

梁宗岱尚在老家时，一直拒绝和父母安排的何氏成亲。为了抗婚，他甚至脱光了全身，赤裸着待在卧室读书。后来他与何氏协商好，由他出资，供何氏读护士学校。何氏毕业后成家，生了几个孩子。

梁宗岱留法归来，被胡适聘为北大教授之后，一时间名气大涨，有名又有财——当年做教授的收入是非常高的。何氏得知后，远远地从百色赶到北平，投奔梁宗岱而来，一定要和他一起生活。

当年梁宗岱不肯，现在更是不肯，那时他正和女作家沉樱热恋，打算结婚。何氏这么一闹，着实令人恼火，根本置之不理。何氏也没了办法，只知道埋头不停地哭。

这时候，有人很同情何氏的际遇，便给她出主意，叫她去找胡太太做主。

指点何氏的真是个明白人。

江冬秀立即将何氏安排到自己家中，另派胡适前去说服梁宗岱。梁宗岱自然不干。后来干脆将此事闹上了法庭，江冬秀坐到证人席上，算是为何氏撑腰到底。结果是梁宗岱败了诉，向何氏赔了数千元算是离婚，带着沉樱灰溜溜地跑了。

这一役可算是为文化圈内没有文化的太太们出了口恶气，也是杀鸡给猴看，看这些文艺大龄男青年们还敢折腾不折腾。

这段故事一样流传很广。在作为"母夜叉"旁证的同时，也有人称之为"智慧"。

巧妙化解的争执

江冬秀爱打麻将是出了名的，胡太太的客厅里，自然少不了麻将桌。无论胡适是在外面忙碌奔波，还是潜心做学

问，江冬秀一概不管，就是低头摸麻将。但是，麻将桌前的那些人，多是一个圈子里的，哪有什么事瞒得住人。胡适在外面的事情，哪一桩江冬秀不晓得呢？她只是睁一只眼，闭一只眼。最好的夫妻关系，是他的人在外头飘，心永远记挂着家。胡适就是风筝，无论他飞得多高、多远，那根绳子始终都在江冬秀的手里攥着。

即便如此，江冬秀仍时不时给胡适敲敲警钟。她曾当着新月派一帮人的面，怒斥他们的虚伪。"你们都是有文化的人，可却当面一套背后一套，我是不会写字，要是会写，有一天一定把你们这些人的真实面目写出来，你们都是有两个面目的人。"当时在场的人面面相觑，唯有苦笑，没一人敢搭话的。

说着话，胡适从楼上走下来，边走边慢吞吞地说："你又在乱说话了。"江冬秀立刻接话道："你还不是一天到晚乱说。大家看胡适之怎么样怎么样，我看是一文不值。"

这话说得胡适相当尴尬，却不好和她再对下去，以免惹出她的更多怨气。

听上去，江冬秀的话颇有点史湘云的风格。林黛玉笑话史湘云吃烤鹿肉那会儿，史湘云冷笑着回道："你知道什么！这是真名士自风流，你们都是假清高。"

此时的江冬秀，倒真是比这群整日里醉生梦死、活在诗歌里的所谓名士清高许多！

江冬秀看透了胡适，自然也看透了新月派这帮子人。

不知是不是曹诚英的缘故，江冬秀对徐志摩的印象极为不好。那时她当然知道，对于胡适提出离婚，徐志摩是十分赞成的，甚至是他大力推动的，加上他抛弃了尚在孕中的张幼仪，对他更是多了几分恨意。

另外，胡适与陆小曼的关系，就算她不知，但凭女人的直觉，多少能嗅到一些异样。陆小曼是非常谨慎的，写信只用英文，还故意写得很大，潦草，看上去就像是男人的字体。但当他们在江冬秀的眼皮子底下来来回回地走动，谁能保证江冬秀一点都看不出来？

大概因为这些缘故，当胡适要为徐志摩与陆小曼做证婚人时，江冬秀闹着不同意。夫妻因为这事没少生气。

关于这事，胡适曾在信中与江冬秀交流过，他说："年轻男女的事儿，你总是不能谅解，你就不要管了。有些事，你很明白，有些事儿，你永远都不明白。"

对于江冬秀干涉这事，胡适心里是不乐意的。但他不和江冬秀生气，而是慢慢和她讲道理。这也是他们夫妻多年来的相处之道。经过当年的曹诚英一事，他们之间的关系变得平和，自然，有老夫老妻的劲儿，胡适也看到江冬秀的智慧。所以，在这封信里明言：有些事你很明白，有些事永远都不明白。

也是，江冬秀不可能懂诗人的心。

这件事两口子生了多次的气，胡适心里颇不痛快。后来他在信中慢慢地给江冬秀解释，耐心地哄她，接连写了几封信，又寄了花过去，还问要不要带礼物回去，又谈到结婚十年的纪念日，一定要好好地庆祝一下。

无论是什么样的女人，哪个不喜欢收到花呢？又是耐心

热情爽朗的江冬秀

地询问要带什么礼物，又是谨记结婚十年的纪念日，这样体贴的丈夫，任是什么气都能消了。

到最后，徐志摩与陆小曼的婚礼，胡适还是去了。这是夫妻协调后的结果，还算圆满。

劝夫不做官

不像外界所以为的：江冬秀没有文化，粗鄙，根本与胡适不在一个层次上，他们无法交流，婚姻就是错误，对于胡适而言，是难言的痛苦。不是，完全都不是。他们夫妻在大部分的时候都是协调的，比如做官。

关于做官，1938年，政府数次邀请胡适做驻美大使，远在美国的红颜知己韦莲司如此对胡适说："我相信你的能力，你一定能在这个位置发挥出你的才华！我支持你！"

而江冬秀对于做官是怎么看的呢？

还是1938年期间，胡适早知江冬秀的态度，不肯让他做官，他一个劲儿地在信里解释，自己是迫不得已才接受做驻美大使一职的，毕竟国难当头，不好推辞，不得不去做一年半年的大使，待战事一过，我再回去教我的书。后来他又写信给江冬秀，讲：

"现在我出来做事，心里常常感觉惭愧，对不住你。你总劝我不要走上政治路上去，这是你在帮助我。若是不明大体的女人，一定巴望男人做大官。你跟我二十年，从不作这样想……我感到愧对老妻，这是真心话。"

针对胡适的这些想法，江冬秀回答他：

"我劝你早日下台罢，免受他们这一班没有信用的人加你的罪，何苦呢？"

信里依旧是错字连篇，但是她的论点最后的确得到了证实。1942年，胡适以狼狈的姿态走下了驻美大使这一职位，导致在美国流落多年，不能回国。这个时候，他回忆起当年江冬秀写的信，更加佩服这个没有文化的老妻了。

胡适是典型的书生。为人坦荡，只能在学校里教书做学问，不适合做政治。这一点，江冬秀早就看清楚了，经常在胡适跟前吹风，提醒他。

但由于胡适拥有很高的名望，加上朋友多，每当有人拉他做官时，难免身不由己。此外，他多少有点小小的虚荣心，还是无法抵御住名利的诱惑。

1928年，中国公学发起学生的风潮，校长被迫辞职，一时间学校犹如一盘散沙，混乱不堪。学校董事会开会后，决定推选胡适做校长。胡适先是没有答应，有江冬秀吹枕边风，

他不愿涉足官场。但是校方认准了他，几番的恳求相邀，再加上几位朋友规劝，对于这所母校，胡适是有着深深的感情，这般盛情之下，再推实在是说不过去，最终点头答应。

因为这个，胡适一再地向江冬秀解释：是不得已为之，毕竟是母校，而校长也说不上是什么官职，等等。

江冬秀坚持不让胡适做官，是怕他吃亏，并且耽误了做学问。她知胡适的理想和热情，都在那堆古书里呢。他是个单纯的人，哪懂什么官场中的尔虞我诈。

1940年，蔡元培的去世，导致"中央研究院"院长一职空缺。这时都在风传胡适将会出任"中央研究院"院长，有熟人见到了江冬秀，就向她祝贺。江冬秀十分的不喜。她给胡适写信说：

"昨天看见孙先生，他开会回来，见我头一句话替我恭喜，说你就要回来了。我莫明其妙。他告诉我，命你回来做研究院长。我听了很不好过……你要知道，万一有此事出来，你千万拿定主意，不要耳朵软存棉花。千万你的终止要那的定点，不要再把一只脚跌到烂泥里去了，再不要走错了路，把你前半身的苦功，放到冰泡里去了，把你的人格思想毁在这个年头上。"

抗日战争期间，胡适在美国做大使，长子胡祖望在美国读书，江冬秀带着小儿子胡思杜搬进了上海法租界。汪精卫伪政府的周佛海，想利用胡适夫人的影响力，诱惑她出来为政。江冬秀拒绝之后，就搬回了老家上庄，以避祸端。

1947年，蒋介石推举胡适为国民政府委员。胡适前去会见蒋介石，江冬秀千叮咛万嘱咐，叫他千万不要答应做官。蒋介石一再劝说，胡适只答："内人几番嘱咐，千万不得做官，要是做官就不要回去了。"

最后，这个国民政府委员也没有当成。

关于做官，胡适的表现也不是很坚决，常常优柔寡断。这有他为人随和的一面，也因为多少有些虚荣的心理。在这一点上，江冬秀则表现得十分果断，对于做官，态度永远都是拒绝。如果不是夫人拦着，不知胡适还会走多少的弯路。

享得起福，吃得起苦

江冬秀嫁给胡适的时候，正值胡适的辉煌时节，几乎红透了半边天。一回国即被聘为中国高等学府北大的哲学系教授，同时兼任研究院主任，拿着280元的高薪。这个收入，在现在来说属于金领阶层了。胡适初到北平时租了一套有二三十间的大房子，租金不过二三十元。后来蒋介石当政时，大学的工资涨了不少，还能按时发薪，日子更是宽裕。

况且，胡适还有诸多的版税。有人给详细算了个账，仅仅是亚东图书馆，截至1928年底，付给胡适的版税就达3万

热情爽朗的江冬秀

之多。

而到了20世纪30年代，随着名气的增长，社会活动的增加，胡适赚的钱更加多。

胡适的家，就随着年头推移越搬越大。最初住的是南池子缎库后身八号，之后搬到了钟鼓寺十四号，这里离北大很近，做事十分方便，也便于与朋友走动。家里还雇有多名男女佣人以及汽车司机。而北洋时期，政府经常克扣、拖欠工资，他们又是随挣随花，手里从来不留余钱，倒不是特别宽裕。

直到后来，随着胡适出版的著作越来越多，版税相应也多了，收入很好。正好碰上林长民故去，家里的房子要卖，胡适就顶了过来。林长民的房子在景山大街陟山门，这里有庭院，有沙发，有长廊，十分气派，像是个官宦人家的公馆。

待胡适从美国归来做北大校长，又住在了东厂胡同一号。以前黎元洪曾经住过的，比起陟山门自然好得不是一星半点。

胡适挣得多，他们两口子花得也快。一年，江冬秀回乡，见上庄通往江村的路实在是难走，马上掏出钱来修路，并且聘请了监工专门管理这事。为家乡做了一件大好事，数十年后还有乡亲提到此事，大力赞扬。

类似的事，他们夫妇没少做。

可以这么说，嫁给胡适几十年，1949年之前的生活，他们是十分富足的，但是手松，一点没留下。以至于到了美国，手里没有闲钱，胡适只做着普林斯顿图书馆馆长这门闲差，过了两年，连这闲差都丢了。

他们不再雇得起佣人，所有的家务都是江冬秀做的。由于她不会讲英文，外出买菜一事就交给了胡适。

而他们依然好客。没有钱，江冬秀就经常做豆腐锅待客，没想到大受称赞，竟成了流传极广、口碑极佳的名菜。

那阵子，家里的开支多是江冬秀打麻将赚来的。胡适只做个寓公，除了买菜以及采购日常生活用品之外，多是泡在图书馆以及家里的书房打发时间。

在胡适有丰厚收入的时候，江冬秀没有因此怠慢他人，她历来都是慷慨的。一般见识短浅的女人，见丈夫随意撒钱，借钱出去从来不要人归还，不知道在家会怎么闹。而江冬秀不仅不闹，还和胡适比着给人送钱。抗战时期，胡适本来挣的就没以前多，又身在国外，给家用有时不及时。一次，江冬秀好不容易等来胡适寄的1600元，她立刻分给了身边的朋友和亲戚。胡适得知后，写信过去赞扬她：

> "我很赞成你捐二百元给周先生的学堂。我到欧洲之后，也还要设法寄点钱捐给他。你在患难中还能记得家中贫苦的人们，还能寄钱给他们，真是难得。我十分感激。你在这种地方，真不愧是你母亲的女儿，不愧是我母亲的媳妇。"

而1950年到了美国之后，他们的生活十分窘迫，菜钱都很紧张。江冬秀从来都没有埋怨，更没有责怪，与胡适过着

平淡的日子。

1961年，她在美国住够了，去台湾找胡适。胡适带着一帮朋友前去接机。只见从飞机上走下来一位拿土布包着一堆物品的老太太，她就是江冬秀。谁能想到，大名鼎鼎的胡适教授的太太竟是如此朴素，可想而知他们在美国过的是什么样的生活。而江冬秀从无怨言。

将钱财看得很轻，视为身外之物。不贪图荣华富贵，过得了清贫的生活，这样的女人，着实难得。

夫妻的二三事

胡适与江冬秀夫妻生活四十几年，可谓是夫唱妇随，和睦美满。虽然胡适时不时结交些姐姐妹妹的，也都是小插曲。他们夫妻之间文化差异很大，但能白头到老，应是两个人将关系都处理得不错。他们夫妻的小故事虽然事小，但却极温馨，若是连在一起看，真是别有滋味。

胡适在美做驻美大使时，收到江冬秀一封信。信里说一个多月没有写信了，因为心里不痛快。她在整理胡适信件的时候，发现有一位称他为"美的先生"的暧昧来信，这是哪路妖怪？对此，胡适忙给老婆回信："谢谢你的规劝，那位徐小姐这两年来我只给她回过一封信，还是劝她的。我自问没有对不起你。"

抗战时，从北平逃往上海。江冬秀深知丈夫爱书如命，不管多难，也想办法将他的七十箱书籍都带走。当胡适得知后，喜出望外，写信说："北平出来的教书先生，都没有带书，只有我的七十箱书带出来了，这都是你的大功劳。"

一次开玩笑，胡适说男人要有"新三从四德"。三从，就是太太命令要听从、太太出门要跟从、太太说错要盲从；四德，就是太太花钱要舍得、太太化妆要等得、太太生日要记得、太太打骂要忍得。

1930年胡适过生日那天，江冬秀送了他一枚戒指。戒指上刻有两个字：戒酒。没多久，胡适应邀去青岛大学演讲，当晚被青岛大学的朋友请去吃饭，由青岛大学有名的"酒中八仙"作陪。这八仙分别为杨振声、梁实秋、闻一多、陈季超、赵太侔、刘康甫、邓仲存七位教授及女诗人方令孺。此八人经常聚在一起畅饮，曾经将三十斤花雕一夜喝光。他们还经常一起到外地找人喝酒，号称"酒压胶济一带，拳打南北二京"。由于唐时李白等被后人称为"酒中八仙"，他们也就顺手拿了来，给自己当了名号。胡适一来，见酒桌上是这八人作陪，当即傻了眼。本来他也不是善饮之人，别说"八仙"了，就是其中的"一仙"，凭他的酒力也难以抵挡。当即灵机一动，他掏出江冬秀送的戒指给"八仙"看，"八仙"一看就乐了。原来戒指上"戒酒"中的"酒"字写成了"酉"。都知胡夫人没文化，想来这只戒指的确是胡夫人送的，便作了罢。凭着这枚戒指，胡适躲过了一场酒桌上

的厮杀。

在美国时，一日江冬秀独自在家做饭，忽见窗户大动，竟然从外面钻进一个贼，可把江冬秀吓了一大跳。但她没有慌张，没有像美国女人那样大声尖叫，更没像中国女人一样发抖哭泣，而是很沉着、很冷静地大步走到了门前，拉开大门，一声怒斥："GO！"贼被这个黄皮肤的胖老太太吓得直打哆嗦，没敢吭声，忙听话地"GO"了。

胡适在美国做驻美大使时，江冬秀没有跟去。有一次，胡适穿上江冬秀寄过来的西装，无意中发现衣兜里有7副象牙耳挖，不禁叹道："也就只有冬秀才会想到这些。"

胡适的朋友从巴黎给他寄来十枚硬币，上面印有"PTT"的字样。胡适便开玩笑说："我要发起一个怕太太协会，只招十名会员，会员证就是这十枚硬币。"

在美国后期，一日胡适与老友喝茶，谈天中，胡适得意地将领带反转给老友看，老友未能发现有何乾坤。胡适拉开领带下角的背面，上面有个小小的拉链。拉开后，拿出一张五美元钞票。胡适讲："这是冬秀给我缝的，因为我经常送路，找不到家，担心出门被抢，把五美元缝在这里，就可以打计程车回家了。"

胡适说："我是一个无神论者。我的太太跟我结婚四十多年，从没有影响我的太太，但她不迷信，不看相，不算命，不祭祖先。她的不迷信在一般留学生之上。你看我们的外交官中有两位，他们要做一件什么事，先在房内卜一个金钱卦。有一位大使的太太，在未打牌前，要先卜金钱卦，如果今天的日神不好，她要打小牌，特别当心，如果今天的日神对她有利，她就要打大牌了。"

晚年在台湾，一次查良钊陪同一群女士来到胡适的家。几位女士想要参观胡适的书房等地。胡适指着书房四面打到房顶的书架，笑着说："我太太以前对人家说，'适之造的房子给活人住的地方少，给死人住的地方多。这些书，都是死人留下的。'"

江冬秀不修边幅。回台湾的时候，有一次出门，围了一条长围巾，下摆掉落在地，她也没有发觉。胡适笑着说："太太，你就这么一副打扮呀？"江冬秀反问他："不好看吗？"胡适连忙说："好看好看。"

就婚姻关系，胡适说："久而敬之这句话也可以做夫妇相处的格言。所谓敬，就是尊重，用现在的话来说就是尊重对方的人格。要能做到尊重对方的人格，才有永久的幸福。"

一代大师终千古

夫妻相携一世，谁走得早，谁最幸福。

胡适就成为了这样的幸福人。

1962年2月24日，胡适参加"中央研究院"举办的酒会，他刚刚演讲完毕，突然间跌倒在地，站在附近的数人忙过去

热情爽朗的江冬秀

搀扶，怎奈先生已故去。

事情发生得很突然，江冬秀几乎不敢相信这个消息。她忙赶了过去，见不久前还欢声笑语的丈夫静静地躺在那里，再也不会醒来了，不禁悲恸欲绝，伤心至极。为怕她过于悲伤，有损身体，在场的医生连忙给她打了两针大剂量的镇定剂，还是不能缓解她的激动情绪。

幸好到了26日，在美国的长子胡祖望赶了回来，由他来操持父亲的后事。

当时成立的治丧委员会一致同意将胡适火葬。针对这事，胡祖望询问母亲，是否要将胡适火葬。江冬秀当即表示："我和你爸商量好的，谁要是后走，有权利决定对方的一切身后事。我不赞同火化。"江冬秀这么说，让治丧委员会很为难。到后来只好去问蒋介石，蒋介石说："就按胡夫人说的办。"

远在美国的胡适的红颜知己韦莲司得知胡适的死讯，忙写来信慰问江冬秀。江冬秀就让儿子写了封回信给她。之后，江冬秀与韦莲司相配合，整理了胡适的所有书信，力促胡适的著作早日发行。胡适纪念堂、胡适的墓地等，都是江冬秀一手促成的，也算对得起九泉之下的胡适了。

出殡那日，台湾有30万人前来为胡适送行，举着"我的朋友胡适之"的执绋。各行各业，由政府、学术、商业等各界名流乃至平常的百姓汇成浩浩荡荡的队伍，将道路堵得水泄不通。各国均写来慰问信，还派人前来追悼。场面甚为壮观。

站在人群中的江冬秀，边极力控制着自己悲恸的心情，边对身旁的大儿子说："做人做到你爸爸这样，真是不容易哦！"

胡适安葬在"中央研究院"为其兴建的墓地，胡适纪念馆也建在此处。此处原为蒋介石与"中央研究院"合资为胡适建造的住宅。

胡适的突然去世，给江冬秀的打击非常之大，她曾想吃安眠药自杀。幸好得到大儿子及儿媳的精心照顾，以及劝解。她将大部分精力放在纪念馆的建造，还有日记、书信等资料的整理上。分散了心思，也很充实。

有一年，台湾刮台风下暴雨，将胡适的墓冲得有些松垮。江冬秀非常担心，寝食难安，就与"中央研究院"协商修坟一事。当时"中央研究院"的院长王世杰表面上是答应了，却迟迟不给办理。江冬秀便跑到中央研究院亲自去找王世杰理论，与他大吵了一架并威胁道："王世杰！你等着瞧，等哪天我把你写给胡适的牢骚话全发表出来！"

王世杰一听，立刻冒出一头的冷汗。

王世杰原本是胡适的好友，他们以前经常通信，王世杰写过不少的牢骚话。当时没觉得什么，现在再回忆，真觉后怕。因此事，更对江冬秀生起厌恶之心。后来还是在中央研究院做行政秘书长的陈雪屏先生在中间说好话，替他们解了围。最终墓地是修好了，这件事暂时平息。

而留下的后遗症是，从此谁想去动胡适的日记和书信，一定要先和王世杰打招呼，不允许任何人擅自查看。后来，王世杰陪同胡适的遗嘱执行人之一毛子水来纪念馆，想拿走胡适的一部分日记。江冬秀听说后，忙跑到纪念馆，取回了

热情爽朗的江冬秀

那一部分书信。江冬秀将这些书信先是放在床底下，但台湾为沿海，空气多潮湿，对书信的保存十分不利。后来，有人主动买了保险箱，江冬秀又将所有的书信转移到了保险箱里，这才安心，书信得以安全地保存下来。

正因为江冬秀努力做的这些，后人才有机会站在胡适的旧居，欣赏美景，并且能阅读胡适的故事。

在胡适去世之后，江冬秀曾经去过一次美国。到美国后，曾去找唐德刚，说她写了本自传，能否发表？唐德刚一看是一沓用铅笔字写就的稿子，不禁感叹。这个没有文化的小脚女子，其语言十分纯真、朴素、可爱，完全可以当作珍贵的史料留下来的。但由于自传未曾完成，江冬秀又拿了回去。唐德刚一直在盼望这本自传可以出版，但是，从此之后再没有听谁说过有这个自传存在。

1975年，在胡适离开人世的13年后，江冬秀也离开了人世，去那一头会见胡适去了，享年85岁。长子胡祖望将她与胡适合葬在一处。这个从徽州走出来的乡下女子，一生以泼辣勇敢的形象站在胡适的身边。唐德刚曾经如此评价她："是中国传统社会中，三从四德的婚姻制度里，最后的一位福人。"

只愿做他身旁的一朵水仙

韦莲司档案

中文译名：艾迪丝·克利福德·韦莲司

英文原名：Edith Clifford Williams

昵称：韦莲司

出生地：美国纽约州绮色佳市（Ithaca，New York）

出生日期：1885年4月17日

家人：父亲是康奈尔大学教授，美国政府调查团成员，主攻地质地层学。

母亲是具有社交天赋的家庭主妇，喜爱看电影。

经历：1.幼年读的私立学校。

2.来到新港和纽约就读艺术学校。

3.成为达达派的画家。

4.1924年，在康奈尔大学的图书馆就业。

5.1946年，从图书馆退休，之后靠微薄的收租生活。

6.1971年，在一次交通事故中去世，享年86岁。

1962年2月24日，胡适在"中华研究院"举行的酒会上刚演讲完毕，突发心脏病，当即离开了人世。

当消息传遍了大地，远在美国的一位老太太给胡适的儿子去信写道："作为五十年的老朋友，我觉得应该有些表示，但是不知道这么做是否合乎中国的礼节。我只是想要送他一样礼物，请你在他的墓前放十朵白色的水仙，每五朵绑成一捆，你不用写是谁送的，就悄悄地放在他的墓前。"

这位美国的老太太名叫韦莲司，是胡适年轻时在康奈尔大学结交的女友。他们相识于 1914 年 6 月，在此后长达半个世纪的岁月里，韦莲司一生未嫁，作为胡适最忠实的粉丝和红颜，用自己的青春守候着一份深厚的感情。

在世俗的人眼里，爱情的结果唯有在一起，拥有他的全部才是最终的幸福。韦莲司用自己的一生诠释了对爱情的理解：爱情不是占有，不是天长地久，朝朝暮暮。若是不能相濡以沫，俩俩相望于江湖，又是未尝不可。只要他过得比我好——这样的爱情，是最深沉的厚重的爱情。无疑，韦莲司是最幸福的女人，她以一颗巨大的包容心，陪伴胡适走过了漫长的一生。

初恋，特别美丽

1914年，美国纽约州绮色佳，夏。

胡适就住在这里的橡树街一百二十号，所租住的房屋主人

只愿做他身旁的一朵水仙

是康奈尔大学地质学教授。这家主人很热情好客，性格温和文雅的胡适很快就赢得了他们的好感，经常被邀请前去吃饭。

这家的女主人是个具有"女王"风范的家庭主妇，为人正统、严肃，做事有主见。她经常很热情地招待中国留学生，并规劝他们加入基督教。

这是胡适在绮色佳度过的最后一个夏。正在此时，他与一位名为韦莲司的女孩子相遇了。

很久以前，胡适就听教授一家谈起过在外地求学的小女儿。她在纽约学习绘画与雕塑，是个前卫的艺术家，如今为"纽约独立艺术家"协会的成员。近些年，由于经常在意大利、法国、英国以及古巴等国游历，所以很少在家，胡适住了数年，一次都没有见过她。

6月20日，深夜外出归来，兴致盎然的胡适在日记里记下了当天的奇妙经历。

就在三天之前，教授的小女儿韦莲司从纽约回到了家，与胡适在一场婚礼上相识，彼此一见倾心。

时隔不久，三天之后，胡适又与韦莲司相见了。同在教授家吃了晚饭，随后二人沿着湖边而行，边走边聊，走到了路的尽头，又折转入东，一直走了数十英里，到了一个叫厄特娜的村庄。因天色已暗，这才掉转过头往回走。

这日的天气很好，一路落叶铺地，秋风轻拂，落日熔金，景色十分迷人。他们走了大约三个小时，由于谈得热切，倒不觉得很久，也未觉得困乏。胡适回到住处的时候，仍觉精神亢奋，久久无法平静下来。

他在日记里用极其优美的词汇描述了这三个小时的散步。

"循湖滨行，风日绝佳。道尽，乃折而东，行数里至厄特娜村始者折回，经林家村而归。天雨数日，今始晴朗，落叶遮径，落日在山，凉风拂人，秋意深矣。是日共行三小时之久，以且行且谈，故不觉日之晚。"

初次接触异性的胡适，陶醉在深深的迷恋之中。他被韦莲司深深地吸引，为她出众的学识、宽广的见识所折服。

在遇到韦莲司之前，在胡适的眼里，美国大学生多是不学无术的。

"美国大学学生之大多数皆不读书，不能文，谈吐鄙陋，而思想固隘，其真可与言者，殊寥寥不可多得。"

韦莲司的出现，令他眼中一亮，无论是对美国的大学生还是对女性，有了本质上的改变。

可以这么形容，韦莲司的出现，好比是给了胡适一双翅膀，让他飞得更高，看得更远。

韦莲司很快又回纽约去了，留下满心激动的胡适。当那晚与韦莲司月光下散步之后，以后的胡适，再不是从前的他。他的信中有了惦记，有了恍惚，偶尔还有出神。

韦莲司也非常喜欢这位来自中国的年轻人。他的身上有

只愿做他身旁的一朵水仙

种特别的吸引力，打动着这个心高气傲的艺术女生。

很快的，才隔了三四天，韦莲司就从纽约回来，迫切地与胡适见了面。

吃晚饭的时候，她兴奋地告诉胡适，曼托罗波力坦美术馆里展出了中国的绘画，她看了很是欢喜，不知怎么地就想起了他。她说这话的时候，胡适就笑眯眯地望着她的眼睛，不说话。

饭后，他们又去月光下散步。那晚的月亮很圆，又特别亮，照得见她清丽的面庞上，那又黑又长的睫毛，他看得醉了……

那一夜，胡适以为是农历七月十五，怪不得月亮那么圆润和美好。当天的日记，他这么写的：

"步行月光中甚久，赏玩无厌。"

"无厌"。从前有首老歌，歌词里唱："读你千遍也不厌倦"。无论如何，总是不厌，那便是爱的先兆。

他又想起了古诗里说："今夜鄜州月，闺中只独看。"还有"但愿人长久，千里共婵娟"……感叹之余，写下一首新诗：

"此夜绮色佳之月，须待一昼夜之后，始可照吾故园桑梓。"

如此多的感慨，是与同行的人相关的。年已二十有三的胡适，第一次尝到了爱情的滋味。虽然很是朦胧，又很缥缈，但这种感觉给了他奇妙的享受。

他们的感情发展得极快，却谈的多是文化、思想，还有国际形势之类的，从没有儿女情长。胡适从韦莲司的身上吸取了很多前卫的观念。从前的他，从古老的中国走出来，虽然留学的三年来进步飞跃，人生观有了质的改变，但他还是属于中国的，性情与国人无异。而与韦莲司的交往，无疑是打开了一扇通往世界的窗户，令他大开眼界。最重要的，是改变了他对女性的认识。

他曾夸耀她：

　　"余所见女子多矣，其真具思想、识力、魄力、热诚于一身者，惟一人耳。""与女士谈论最有益，以其能启发人之思想也。""吾自识韦女士以来，生平对于女子之见解为之大变，对于男女交际之关系亦为之大变。"

胡适留学多年，因身负婚约，从不敢与异性有过多的交往。因此，刚相识之时，韦莲司还曾经问过他，传说中的胡适是不喜欢女子的。胡适听罢哭笑不得，然后将家事告诉她，说自己身有婚约，因而不宜与女子多加接触。

在认识韦莲司之前，胡适曾在日记中写：

只愿做他身旁的一朵水仙

　　"西方婚姻自由"是"堕女子之人格，驱之使自献其身以钓取男子之欢心"（胡适日记 1914年1月4日）。

　　只有中国的婚姻才是最合理的，"吾国顾全女子之廉耻名节，不令以婚姻之事自累，皆由父母主之"。

　　从前，胡适认为女子就应该守在家中，一心一意地做贤妻良母。直到认识了韦莲司，他才认识到这世间还有一种出色的女子，是属于自由与独立的。

　　客观地说，韦莲司并不漂亮。胡适讲，"其人极能思想，读书甚多，高洁几近狂狷，虽生富家而不事服饰；一日自剪其发，仅留三寸许，其母与姊腹诽之而无可如何也。"

　　韦莲司也算家世甚好，家境很富足，但她从不注重修饰，将头发剪成三寸长，绝无女性的温柔气质可言。这样的女孩子，就是在当时的美国也是走在时代的最前列。正是这个进步的思想吸引了好学的胡适，而她身上浓厚的艺术气质，也带给胡适最新奇特别的感受。

　　他们的关系愈来愈亲近。自从认识了胡适，韦莲司回家的次数见多。伴着月色散步，则成了他们晚饭后的保留节目。随着时间的推移，一对年轻人的感情逐步加深。他们之间没有赤裸裸的表白，只是沉浸在初恋的美好中，丝毫没有料想未来是什么，会不会一直在一起……

相爱，却不能在一起

有情人的时光走得特别快，转眼到了1915年。

1月18日，胡适前去波士顿演讲，回来时顺路去了纽约找韦莲司。第二天，他们一道兴致勃勃地参观了纽约大都会艺术博物馆，之后一起到韦莲司的家中吃了午饭。一直到下午四点，胡适才恋恋不舍地乘火车离开。

23日，他又寻机来到了纽约与韦莲司见面。那天下午，据胡适在日记中说，"纵谈极欢"，看上去这个下午非常美好，彼此都沉浸在纵谈的欢情之中。

那天的情景，即使过了数十年，仍然清晰地出现在胡适与韦莲司的脑海中。

那天的下午，薄雾弥漫，公寓的窗口正对着赫贞江，对岸的一切隐隐约约地飘在薄薄的雾里。胡适与韦莲司正襟端坐，桌上有中国人最爱饮的绿茶。与胡适相交多日，韦莲司对中国人的习惯多少有了粗浅的了解，也知他最爱绿茶，早早地寻了来备下。

他们两个人，多是韦莲司在说话，胡适多在微笑着倾听。只有在韦莲司略作停顿之时，他才插入自己的观点。而他的话，随之引起韦莲司的大段言谈。两个人就这么你一句

只愿做他身旁的一朵水仙

我一句的，没有停下的一刻，不知不觉中，绿茶凉了，韦莲司善解人意地倒了再沏。直到后来，胡适笑着说："记不得喝，还是不要沏了。"听罢此言，韦莲司随即会心地一笑。两目的对视之间，这当儿，这对年轻人的内心，由不得轻轻地一荡，随之漾起丝丝波澜。

韦莲司还请胡适到自己的画室去，观看她历年来的各种绘画。胡适一张张仔细地翻看着，对韦莲司的钦慕更加浓厚，禁不住由衷地赞美。

韦莲司的脸顿时红了。也不知为什么，她这样大方的女子，无论被多少人当面或背后夸耀，她从来都是淡淡地一笑。而今天，这个中国来的黄皮肤年轻人的话，竟在她的心里引起那么大的反响。

在这个寒冷的深冬里，窗外寒风瑟瑟，万物枯零，而室内温暖如春，一对年轻人的脸蛋红扑扑的，满是春色。胡适更是羞红了脸，眼镜后面的目光闪烁着热情的光亮。

韦莲司是个性格奔放的女孩子，她看到胡适起伏的胸口，还有沉重的呼吸，成熟的她清楚是怎么回事。见胡适默不作声，就主动开口说："走，我们去看看风景。"说着，率先走到了窗前，掀开窗帘，见雾已散了些，能看得见对岸的房屋还有树木，美丽的赫贞江畔，江水静静地流淌着，远远地有呜咽的汽笛声，那是有船只在缓缓地驶向远方。船上的轻烟飘荡在云间，甚是有韵味。

胡适随在韦莲司的身后，一同默默地欣赏着赫贞江畔的美景。不知什么时候，韦莲司的身体轻轻地靠在了胡适的身上。女性的柔软，就从两人相触的部位传来，胡适不觉心中一振。这是他有生以来第一次与年轻的女性有肢体上的碰触，不觉面红耳赤。紧张之中，他下意识地逃避，将身体微微地躲开。这个微小的动作，很快被韦莲司发觉。不经意间，她的身体悄悄地离开了他，越来越远。过了一会儿，韦莲司神态自若地和胡适继续谈笑，而胡适明显不在状态了，身体僵硬地站立着，目光有些惆怅。

这天下午的时光过得相当快，不知何时，天色已暗。

胡适突然说："该吃晚饭了，要不要把张彭春叫过来，一起吃饭？"

韦莲司先是一怔，随后反应过来，大方地说："你做主好了。"

于是，这天的晚饭，韦莲司家里的饭桌上，是三个人。

饭桌上，韦莲司较之平常略有些沉默，但她很快恢复了常态，依旧滔滔不绝，热情大方。

24日，回到绮色佳的胡适给韦莲司去信时抱歉地说，23日的夜晚，他都在哥伦比亚大学和朋友聊天，自己太粗心大意了。

胡适的这个解释，有些自作聪明了，也怪不得后来胡适的研究者，唐德刚评论胡适与韦莲司的关系时说：

> "适之先生是位发乎情，止乎礼的胆小君子。搞政治，他不敢'造反'；谈恋爱，他也搞不出什么'大胆的作风'。"

只愿做他身旁的一朵水仙

这话虽然是事实，但难免有些偏激。要知道，胡适是从封建的徽州小山村里走出来的。尤其是母亲管教得相当严格，再加上的确没有与异性交往的经验，更是因为他有着强烈的责任感，身负婚约，不能对韦莲司做出什么承诺。因此从他的角度上看，不愿意去伤害韦莲司，这是一个有责任心的男子在情感炽烈下做出的艰难决定，绝不能以简单的"胆小"而评论之。

回到绮色佳的胡适，在碰到韦夫人时，被问去纽约是否见到了韦莲司？韦夫人这么问，是有缘故的。半年多来，胡适与韦莲司相交频繁，韦夫人全看在眼里。从纽约归来的胡适，身上的每个关节似乎都在跳舞，他那快乐的心情怎么逃得过韦夫人的眼睛，因而有此一问。

胡适不善于说谎，他也从来没有想到过需要说谎。与韦莲司是光明正大的朋友，有什么不能放在阳光下的？因此，他实话实说了。

"那天的下午，只有你们单独在一起？"问这话时，韦夫人的脸色有些发青。

"是的，那天下午只有我们两个。傍晚时，张彭春来一起吃的晚饭。"胡适若无其事地说，他还不知道危险已经降临。

过去，他知道韦夫人是个很传统的家庭主妇。但鉴于他对美国的文化了解不深，没有意识到事情的严重性。

事实上，在20世纪上半叶，美国的种族歧视相当严重，各大州的法律严禁不同种族之间通婚。虽然当时的纽约州并未颁布这项法律，但是种族歧视还是很严重的。一位白种人与黄种人来往亲密，即使是在韦家这等高级知识分子的家庭里，也是绝对不能允许的，更何况是单独相处，这是大忌。

韦夫人没再说话。饭后，她立刻给韦莲司写信，指责她不顾未婚女性的身份，竟然与一名男子单独相处。此外，她犀利地指出，胡适之所以叫来张彭春一起吃饭，就是做贼心虚。

收到母亲的来信，韦莲司感到很难过。她的难过不是因为母亲指出的什么人种不同，什么男女不能单独相处等，而是很担心胡适会受到母亲的责难。她熟知母亲的性格，一旦变了脸，胡适在她家的生活肯定不好过。而她自己，根本不在乎母亲所说的那些话。只要自己喜欢什么都是可以做的。什么等级、什么种族、什么教养，在她的眼里，统统没有"我喜欢"重要。

果然，胡适受到了韦夫人的冷落，虽然没有直接责备他什么，但是胡适明显感觉到了与之前的不同。他在日记中愤慨地表示：

"夫人如役令媛如奴婢，则何妨锁之深闺，毋使越闺阁一步；如信令媛有人身自由，则应任渠善自主张，自行抉择。"（胡适日记 1916年1月27日）

而经过了韦夫人的干预之后，韦莲司与胡适的感情更加深厚了。他们利用各种有限的空闲时间，来往于绮色佳与纽约之

只愿做他身旁的一朵水仙

间。交流思想——他们之间的话题广泛之极，涉及各个层面，有政治、历史、宗教、文学、哲学等方面。韦莲司还推荐胡适阅读了大量较为深刻的书籍，使得胡适的眼界开拓了许多。对于胡适早期的思想，韦莲司的影响无疑是巨大的。

这段时间，他们还逛遍了纽约的各大画馆、博物馆以及画廊等艺术场所。胡适为看不懂韦莲司的画深以为憾。

随着接触的增多，胡适感到越来越离不开韦莲司。他深深地迷恋着这个富有学者气质的女孩子。赫贞江畔，常常留下他们漫步的脚印。有词作证：

"枫翼敲帘，榆钱铺地，柳棉飞上春衣。落花时节，随地乱莺啼。枝上红襟软语，商量定，掠地双飞。何须待，魂销杜宇，劝我不如归？

归期今倦数。十年作客，已惯天涯。况堑深多瀑，湖丽如斯。多谢殷勤我友，能容我傲骨狂思。频相见，微风晚归，指点过湖堤。"（《满庭芳》1915年6月12日）

初尝爱情的甜蜜，胡适的诗兴大发，素来谨慎内敛的个性，在这阕词中也浑然不见。"傲骨狂思""红襟软语""掠地双飞""归期今倦数"，此时的胡适，迷恋在爱情的香雾中，怕是已忘记身负婚约了，连"归期"都不想去数，巴不得待上个十年八年的。这要是被他的母亲知道，不知会不会家法伺候。

陶醉在热恋中的胡适，感怀颇多。8月20日，他又写了一阙《临江仙》，当时就放在了日记里。为掩人耳目，故意写了个长序，说明是由于阅读了英文诗歌，偶有所想而成的，还说"词中语意一无所指，惧他日读者之妄相猜度也，故序之如此"。这真是此地无银三百两。据后来胡适的挚交徐志摩讲："胡适的诗，凡是带序的，一定另有名堂。"（这里要说，知适之者，志摩也。）

胡适的这阙《临江仙》，的确另有名堂，全词如下。

"隔树溪声细碎，迎人鸟唱纷哗。共穿幽径趁溪斜。我为君拾葚，君替我簪花。更向水滨同坐，骄阳有树相遮。语深浑不管昏鸦。此时君与我，何处更容他？"

此阙词颇有诗情画意，一对情浓的恋人如同一幅优美的图画，栩栩如生地展现在眼前。

"此时君与我，何处更容他？"

痴迷地陷在美丽的恋情之中，胡适没有忘记婚约在身。在给母亲的家信中，他似无意地讲述着在韦家的生活，还将与韦莲司的交往毫不隐瞒地讲给母亲听。他在试探母亲的反应。能有韦莲司这样的女性做妻子，陪伴一生，该是多么的幸福。

只愿做他身旁的一朵水仙

知子莫若母。一手将胡适带大，光宗耀祖的期望都在这个留学的儿子身上，竟然想抛弃发妻，与一个洋人结婚，真是大逆不道之事。还没等胡适想好主意再说得明显一点，母亲已着人来信呵斥他。江家也吓坏了，自家的闺女白白等了数年，要是胡家儿子反悔退婚，这个闺女将来怎么嫁人呢？幸好胡适的母亲斩钉截铁地告诉江家，这个可能性是不存在的。

胡适见母亲发怒了，忙去信解释，丝毫都没有解除婚约的意思，请她老人家放心好了。

经过这一闹，胡适初恋的热情下降了许多。整天懒懒的，与韦莲司不再像从前那般的主动，甚至有点躲避着她。韦莲司不知其缘由，还以为胡适生了异心，两人着实闹了一段时间小别扭。

恋情受挫，胡适郁郁寡欢，没多久就生病了。独自在异国他乡，生病的滋味特别难受。

这次病好之后，胡适依旧对韦莲司一往情深，但是明显拉远了两人的距离。

早在1915年3月时，胡适就对韦莲司提过，母亲来信叫他早日回去与未婚妻成婚。而江几乎不识字，连写信都很难完成，怎么可能理解他的思想，他早就想放弃她。这些话有着隐隐的暗示。但心高气傲、酷爱自由的韦莲司，她现在就是爱着胡适，至于未来如何，从来都没有想过，也不愿意去想。结婚，对于现在的她来说，实在是过于缥缈。

既然如此，胡适还能如何？

1917年6月，刚刚通过了哥伦比亚大学的论文答辩，还未曾拿到博士文凭，胡适便迫不及待地回国了。他是奉母亲之命，回去结婚的。

临走前，胡适前往绮色佳向韦莲司告别。二人依依惜别，尚且年轻的韦莲司并不知，他这一去，便是永远地失去了他，将是她终身的遗憾。

胡适在临别的信中写道：

"离开绮色佳对我来说，真不是一件容易的事。离开你，更是一件不容易的事，你的友谊丰富了我的生活，也净化了我的生命，想起你就让我喜悦！希望我们今后一直保持联系……我将于明早启航——怀着对你和你家人的美好回忆。"

回到国内，在与江冬秀结婚的前夕，胡适又给韦莲司写过一封情深意切的信：

"我不能说，我是怀着愉快的心情祈盼着我们的婚礼。我只是怀着强烈的好奇，走向一个重大的实验——生活的实验！我相信韦莲司夫人（指韦莲司小姐的母亲）不会喜欢这段话，然而这却是一段老实话！"

这两封信寄出之后，如石沉大海，久久没有回音。失望的胡适从此再没有给韦莲司写过信，将所有的精力投入到工作当中。他新近回国，即被北大聘为教授，新的生活在等待

只愿做他身旁的一朵水仙

着他，需要他加紧步伐前进。

你过得好，就是我的幸福

1920年，韦莲司重新回到了绮色佳。此时，达达公社已经解散，她的父亲于两年前在古巴去世，姐姐也离开了人世，年迈多病的母亲需要她的照顾。于是，在1924年，韦莲司来到了康奈尔大学担任其图书馆的管理员。这一职位，一当就是一生，直到退休。

1923年初，几经失恋的韦莲司，在心情低落之余，想起数年前联系频繁的异国知己，就主动与胡适联系，询问他的近况。

胡适收到信后大喜，他一直都没有忘记这个初恋的情人，连忙给她写回信，说：

"这封信带给我的喜悦是笔墨所难以形容的……我多么喜欢我生命中最值得纪念的几年啊——1914年到1917年——几乎每天都有一封你和其他好友的往返长信！我常想这样的日子还会回来吗？你的来信已为旧日好时光的重来做了一个开端，且让我们怀着这样的希望罢。"

此后的年月里，他们有着频繁的信件来往。

韦莲司发现，多年不见，胡适在思想上有了质的飞跃。大概是生活圈子的关系，她仍在原地停留，纹丝不动。从前，他们之间的谈话全部是由她做主导，她提出建议让胡适阅读什么书籍，在画展上、博物馆里为他做讲解。而现在在胡适的面前，她几乎没有插话的余地。

当见到胡适寄来的书信，那一行行才华横溢的言论，她的心被深深地打动了。她悲哀地承认：在学术上面，胡适早已与她不在同一层次上。他是大师级别的人物，而她仍在学生时代的思想中徘徊不前。

与胡适再一次相遇，韦莲司感觉更加地爱他了。在胡适的面前，其他所有的男人都黯然失色。

1927年3月，胡适作为中英庚子赔款委员会中国访问团成员，再次来到了美国，依次在纽约、费城等城市进行演讲。空闲的时候，胡适抽空与韦莲司见了面，但是由于过于繁忙，在美国待的三个星期，没有与韦莲司有过多的接触。

3月31日，在寄给韦莲司的明信片上，胡适深情地写道：

"这张明信片到达绮色佳时，我已到太平洋岸边。然而整个美洲大陆也阻隔不了我对绮色佳的魂牵梦绕。"

这是多么动听的情话！胡适这个多情的男人，时隔十年，对韦莲司的感情不但没有减少，反而更加浓烈了。绮色

只愿做他身旁的一朵水仙

佳，实则成了韦莲司的代名词。而赫贞江边，正是他们感情纯真的见证。

成熟的韦莲司是个理智的女人，4月6日，她在给胡适的信中第一次谈论到胡适的家庭："你们两人同是一个不合理制度下的牺牲品。"

而事已至此，再无挽回的机会。韦莲司只有带着深深的遗憾，看着胡适当别人的丈夫。而今，她极其理智地看待与胡适的关系。她说并不指望从胡适的身上得到什么东西，只是从胡适的身上触发了心智，与他完全是精神上的交流。

虽说如此，她还是流露出来女性的温情："让你走，是如此的艰难！"相聚与分离，都是那么令人痛心！他们的心中充满了理智与冲动的搏击。

由于远隔重洋，无言的脉脉相思，只有通过书信来传递。这些年，胡适的事业处于极速上升阶段，极其忙碌，常常腾不出时间来写信。

1931年3月25日，胡适在信中抱歉地说：

> "长久没有写信给你，真觉得惭愧得很……我向你保证，我从未忘记过你。"

十年的间隔，没有融化他们的感情，反而更加浓厚。在一封封鸿雁的书信中，他们期待着下一次的相聚。

1933年的秋，胡适以文化使者的身份前往加拿大参加太平洋国际学术会议，会议结束后，他顺路来到美国，看望韦莲司。

此时，韦莲司已经48岁了，她的母亲早已过世，而今独自生活。

韦莲司开车将胡适接到家中，孤男寡女，难免心潮涌动。经过数年的书信往来，两颗炙热的心有着年轻人的冲动之情。在这个寂静的夜晚，似乎是必须要发生点什么，才是正常的选择。但是，他们都是内敛稳重之人，都有着各自的顾虑。

沉默，时间在飞逝。胡适去卫生间洗澡时，韦莲司抱着两床被子，犹豫了许久。她先是将两床被子都铺在了大床上。随后觉得不妥，这像是太主动的勾引，便又忙着抱了出来，将自己的被子放回了小床。望着小床上的被子，不觉一阵发怔。胡适好不容易才来一次美国，这样的时候实在是不多。今晚是多么难得的机会，错过了，或许一生未必再会来过。她怔怔地望着被子。这个时候，胡适从卫生间走了出来，见她的模样，再瞧瞧那张大床，顿时什么都明白了……

这一晚，他们的关系有了质的改变。

1933年9月13日，韦莲司在给胡适的信中说：

> "我整好了我们那个小得可怜的床……我想念你的身体，我更想念你在此的点点滴滴。我中有你，这个我，渴望着你中有我。"

沉醉在灵与肉的交流中，年近五十的韦莲司犹如回到了

只愿做他身旁的一朵水仙

青春。她的语言大胆而充满了青春的激情。

　　"没想到，我会如此爱你……胡适……我崇拜你超过所有的男人……""胡适，我爱你！我是个很卑微的人，你应该爱我！有时，你的爱就像阳光中的空气围绕着我的思想。 要是我们真能完全生活在一起，我们会像两条溪流，奔赴同一山谷。"

　　经过一段日子，冲昏了头脑的韦莲司，渐渐地走出高潮期。漫漫长夜，孤枕难眠，她总是回忆起胡适住在这里的那些天。随着激情的消退，她将二人的关系看得十分透彻。

　　"你创造了一个幻象中的女子——亲爱的适，让我们继续穿着这正式的外衣吧，否则你喜欢的这个幻象中的女子就会死去。我是如此平庸的一个凡人，一旦你整个了解我的时候，失望会让你伤心的，而在你我之间具有巨大意义的激励和启发也将随之而逝……现在这件正式外衣已经褪到地板上了——你已经全然地了解了我——你是不是更喜欢那个幻象中的女子呢？她也许很美妙，但她毕竟是我，是这个真实的我触摸到你的身体和眼睛。我简直不能相信，你竟爱上了这样一个我，这个胸部扁平而又不善持家的我，这个头脑不清而举止不得体的我。然而，你的爱却裹住了我的心……真不敢相信，你我曾经共同度过一段岁月，在时光的泡影里，想到我们曾同游同乐，这是何等甜美，但愿我们能快快乐乐地白头到老……没想到，我会如此爱你……胡适，丰富的人生正等着我们去探索，我觉得另一个人生是我们的，我崇拜你超过天下所有的男人……纵然我们之间横亘着一堵高墙，只要我们无视它的存在，它就訇然解体，荡然无存。"

经过数夜的同床共枕，韦莲司更加意识到了与胡适之间的距离。此时的她，对胡适的感情与其说是爱慕，不如说是彻底的仰慕，他几乎成了她内心的偶像。

这个时候，韦莲司完全知晓自己与胡适之间存在的是一道深深的鸿沟，绝对不可能跨越过去。思考过后，她理智地说：

"在我一生之中，有一种苦行僧的倾向，对于我自己非常渴望的东西，我宁可全部放弃，也不愿仅取其中的一小部分。"

此刻的韦莲司，对她与胡适的感情，做出了最准确也最理智的判断。之后的后半生，她始终遵守着这个距离。

不知是不是被韦莲司的话所鼓励的缘故，1934年，胡适竟然拜托韦莲司照顾曹诚英。

起初，韦莲司并不知曹诚英与胡适的亲密关系。他交代的事，自然是一口答应下来，还把曹诚英接到了家里，对她照顾有加。时间久了，韦莲司偶然发现了胡适与曹诚英的暧

只愿做他身旁的一朵水仙

昧之情，这时候才得知她的身份，但是韦莲司没有怪罪胡适，反而对曹诚英照顾得更加周到体贴。

这并不是她足够伟大，而是他们之间的关系已经升华到一定的程度。

1937年，这一年，胡适与韦莲司交往已有23年。52岁的韦莲司竟遇到了痴心的求婚者，并且还是两位男士。

这两位男士其中一位名字的缩写是R.S，另一位叫邓肯，是胡适在康奈尔大学的同学，比胡适还要早两年认识韦莲司。这两位都对韦莲司一往情深，追求了多年。尤其是邓肯，几乎到了疯狂的地步。

那时候韦莲司经常待在画室里面，很少出门。邓肯把情信寄出去后，等了好久也没有回音。差不多同一时候，R.S也寄出了情信，久等不到，他倒还算冷静，没有什么表示。邓肯先生却无法忍受焦急的等待，被狂热的爱情折磨得坐立不安，后来直接到韦莲司的家里找她，当面问她。

韦莲司有礼貌地请邓肯进屋。但是面对一个她毫无感情的男人，她实在是不能答应他的求婚，但是又不好直接拒绝他。于是，就口若悬河地开始说话，根本不给邓肯张嘴的机会。韦莲司的知识渊博，口才又是极好，当年就深让胡适折服。她说起来就停不住了，一直说到天黑。到吃饭的时间了，也不说留邓肯吃饭，最后他只有灰溜溜地走了。

几次下来，邓肯知道这个办法不行，但他又极想接近韦莲司，就在她家的楼下徘徊。他痴痴地眺望着楼上偶尔出现的令人动心的身影，久久都不想离开。

有的时候，他还能捡到韦莲司丢弃的废画。他如获至宝地捡起，收藏好。之后就经常留意再有没有废画出现，总是在韦莲司的家门前低头找来找去的。

时间长了，被老管家发现，当作了小偷。韦莲司得知后，不知如何是好。她想不到自己几番的暗示，邓肯还是不死心。

而另一位R.S先生，虽然没有上门骚扰，但是不停地写情信，并不在意韦莲司会不会回信。

备感疲倦的韦莲司，于是在给胡适的信中，提到了这件事。也许，她只是想让胡适出个主意，该如何驱赶这两位痴情的男人。但是她没有料到，胡适在回信里含蓄地表示，他很赞同从这两个人中间做出选择。

收到胡适的信，韦莲司感到很失望。她从胡适的反应里，读出了一个男人逃避的情绪。

就在韦莲司读着胡适的来信，心潮起伏的时候，邓肯不断地加大攻势，甚至不惜用自杀的方式来博取她的同情。他的这些小伎俩，自然一眼即被韦莲司识破。

无论是邓肯还是R.S，或者其他男人，在韦莲司的心里是那么肤浅，根本无法与胡适相比。有着胡适做比照，身边的男人都是极其平凡普通的，缺乏想象，没有理想，整日活在柴米油盐之中。韦莲司想起父亲曾经嘱咐过她的话："非万不得已，否则别结婚。"

最终，韦莲司用自己的方式将两个男人打发而去，给自己留下了一片清静的空间。

只愿做他身旁的一朵水仙

事后，她经过仔细思考，很委婉地表达了对胡适的失望之情。她在信中明确地讲：

"在一个小范围里，我不知道你是否言行不一；你并非受制于一种高压的道德，而只是自己胆小……当然，没有任何其他事情（能像你的婚姻那样）增加你的伟大——我非常高兴，我没把你变得渺小。在我一生之中，除了和我父亲的感情之外，我最感念的是认识了你，并有短短的一段时间，和你共同成长。没有任何东西可以损害或改变这样的关系。"（韦莲司的信 1937年10月26日）

韦莲司并没有因此就忘却了这件事。到了11月，她的信里仍在思考着这个问题。她用尖锐的语气剖析了胡适隐藏的内心：

"你觉得，要是我结婚，你就能从责任或负担中解脱出来，而不知道我从未要你感觉有任何责任或负担。想到这点，也让我伤心。我没有要和你结婚，也没怪你对结婚所有的一种恐惧……从你的反应来看，要是我结婚，能减轻你精神上的负担，同时也能给你一些你所缺的自由。甚至于只是想一想，你都能感觉到（自由）。可是，恐怕我是不会为了讨你的欢心而去跟别人结婚的！！这是一个共同的理解吧？分手也能达到这个目

的。"（韦莲司的信 1937年11月11日）

　　这大段大段的文字，是韦莲司多日来沉思的结果。她想得很透彻，看明白了胡适，也看明白了自己。她的心是自由的，从未想过要让胡适负责什么。而胡适对于这件事的反应，可以看出她在他的心中是有些压力的。但是，她不会"为了讨你的欢心而去跟别人结婚的！""分手也可以达到这个目的。"这些话写出来，也许韦莲司的心在滴血。她看得越是深，越是透彻，就越是伤心。

　　其实，关于他们之间的纠葛，还可以从性别的角度来衡量——男人与女人的区别。无论是大师还是凡人，其根本是男人与女人的区别。胡适对这件事所表示的态度，除了个性的原因之外，还有一点最重要的是男人下意识的选择。而韦莲司不予罢休的态度，也是大多数女人最正常的反应。

　　在胡适一生结交的红颜之中，唯有韦莲司能够以精确的深度来剖析他，可以分解出他的五脏六腑。

　　关于这点，除了韦莲司的思想高深之外，更重要的是他们交往之深，了解之透。还有胡适在她的面前，丝毫不设防，坦白得彻底。

　　不知韦莲司有没有听过中国的古典音乐《高山流水》，还有那个美丽而凄惨的传说故事《伯牙摔琴谢知音》。茫茫人海，没有人懂，该是怎样的孤独。而这种孤独感，由于韦莲司的存在，胡适没有。同样由于胡适的存在，韦莲司没有。

　　此生何求？

只愿做他身旁的一朵水仙

自从这件事发生后，表面上看他们的关系似乎远了，信中的内容没有过去那么亲密，再没有火热的情话。实则由于这次碰撞而令他们之间的情感走向了深沉，一个崭新的境界。

靠近你，哪怕只是轻嗅到你的气息

就在这一年，发生了"卢沟桥事变"，危难之中，身为北京大学文学院院长的胡适，受聘为国防参政会参议员，到美国或英国等地进行演讲，宣传中国的抗日政策。

虽然忙得团团转，但是距离近，他们倒也偶尔会面。年底的时候，胡适46岁生日，韦莲司邮寄过去了24朵玫瑰花作为生日礼物。

胡适收到礼物十分喜欢，去信说：

> "跟着玫瑰一起来的还有一朵紫罗兰，我把它别在大衣上。""想到我至少有一个朋友，用她的全部同情和爱心来了解我的工作，我感到非常舒畅和快慰。"
>
> （胡适的信 1937年12月20日）

1938年3月15日，胡适抵达了绮色佳，韦莲司前去接站。

之后，二人来到了韦莲司的家。连日的劳累，胡适十分疲倦，韦莲司十分体贴地给予他最好的照料。他不仅感冒了，还患了牙痛的老毛病。胡适感叹自己老了，她安慰说，你那不是老，是太过忙碌的缘故。人就像是一台不停运行的机器，需要适当地检修，才能更好地运行下去。

　　韦莲司细心体贴的关心，温暖了胡适的心怀。三天后，当胡适在回途中，经过赫贞江畔时，感慨万分，写下了一首诗。

　　　　四百里的赫贞江，

　　　　从容的流下纽约湾，

　　　　恰像我的少年岁月，

　　　　一去永不回还。

　　　　这江上曾有我的诗，

　　　　我的梦，我的工作，我的爱。

　　　　毁灭了的似绿水长流，

　　　　留住了的似青山还在。

　　　　——胡适1938年3月19日《从纽约省会回纽约市》

他又在当晚的日记中写道：

　　"一路上看赫贞江的山水，想起二十年前旧事，很想写一诗。"

　　胡适所称的旧事，自然指的是二十年前与韦莲司徘徊在

只愿做他身旁的一朵水仙

赫贞江边的时光。转眼二十几年过去了，赫贞江依旧，他们的感情依旧，只是两鬓多了几丝银发。这首诗当中，闪烁着他与韦莲司的青春。

他们在1938年的第二次见面，是在伦敦。当时蒋介石一定要胡适出任驻美大使，发去的电报跟着胡适的行踪转。胡适十分犹豫，他不想影响自己的学术研究，但是国难当头，又实在不好推辞。就在他进退两难之际，8月19日，他与韦莲司在伦敦见了面。

在胡适忙碌的演讲以及社会活动中，他们相聚了六天。这六天都是在胡适的空闲时抽空见面的。可以想象，这个时候他们的话题主要是针对胡适就任驻美大使一事。韦莲司提了不少建议，这些建议都对胡适产生了极大的影响。

韦莲司离开胡适后，在信中继续谈论着这个问题。

> "我确信你会'全力以赴，因为这是攸关我同胞生死的事'。而你的同胞也会证明，你不但是个大学者，也是个伟人。这样的人何其少，而世界又迫切地需要领导者。"

韦莲司的赞赏无疑是一剂重量级的强心针，给了胡适鼓舞与自信。他在回信里说：

> "我答应你，我不会完全心不甘情不愿地来进入这个新的外交生涯，但是我并不相信这是我'充分发挥'

的方向。我会全力以赴，因为这是攸关我同胞生死的事，如此而已。"（胡适的信 8月25日苏黎世）

　　胡适最终接受了驻美大使的任命，从此开始忙碌起来。由于同在美国，距离很近，他们相见的机会多了许多。虽然他们之间谈的内容无非是工作，还有生活上的琐事，这样的生活让韦莲司很知足，觉得他们的心离得更近了。

　　转眼间，到了韦莲司的生日，以他们的习惯，每年都会在对方过生日时送上鲜花。这年也不例外。

　　虽然初做大使的胡适忙得不可开交，但仍然遵循习惯，在4月17日这天，为韦莲司送去了生日的礼物。

　　54岁的韦莲司收到了一份美丽的礼物，是用兰花、水仙、郁金香、金鱼草、剑兰和白色的菖蒲等花朵组成的花束。另外还有三块中国刺绣，上面绣有翱翔的苍鹰和璀璨的太阳。韦莲司非常喜欢这份礼物，因为它代表了胡适对她的思念。

　　胡适担任了驻美大使后，由于非常忙碌，从1938年到1942年这4年中，与韦莲司只见过两次面。

　　第一次，是在1939年6月15日。应母校康奈尔大学的邀请，胡适来到母校参加活动，并且接受了母校授予的"本级最杰出校友"的荣誉证书。活动完毕，到了18日，由韦莲司开着车，去了恩菲尔瀑布野餐。当天的夜晚，他就离开了绮色佳，到纽约去了。

　　这一次见面匆匆忙忙的，各种宴会以及野餐会，一大堆

只愿做他身旁的一朵水仙

校友不停地相互寒暄，很难有他们单独相处的机会。

就在喧哗中，趁着一个空当儿，暂时没人，韦莲司偷偷递给胡适一只礼盒。待胡适回去之后，打开礼盒，只见里面是一枚戒指。戒指上刻有"胡适"以及"14—39"的字样。胡适望着这串数字发了一下呆，才想起它的含义。他立即给韦莲司写信：

> "14—39提醒了我，我们的友谊已经有25年了！我会永远珍惜这个戒指。"

1914年的6月20日，胡适的日记里第一次出现了韦莲司的名字。转眼间，25年过去了。这25年的友谊，是多么难得，的确是他们最值得纪念的日子。

再一次见面，则是在胡适就要卸任驻美大使之前。1942年7月22日，此时距离胡适卸任大使只有一个多月的时间。大概胡适认为自己马上就要离开美国，今后相见的机会更少，况且做大使以来，与韦莲司极少见面，因而他专门过来看她。

那个时间，正是闷热的雨季，与中国的梅雨季节近似，又闷又潮。胡适住在韦家，特别的轻松自在。那大概是他们多年来最美好的时光了。据胡适在后来的信里说：

> "清凉下雨的星期天，那是我觉得最轻松的一天！""即使只这么短短的看你几天，我觉得好极

了。"（胡适的信 1942年7月31日）

短暂的相聚，带给他们的是恬淡美好的回忆。

在1939年的8月18日，韦莲司还接待了胡适的长子胡祖望。胡祖望与徐新六的儿子徐大椿一起来到了康奈尔大学参观，由韦莲司陪同。

在这之前，胡适就写信给韦莲司，叫她照顾一下胡祖望和他的朋友。韦莲司很喜欢做这个事情，她在信里说：

> "这个月你儿子就要到了。我希望他安全抵达并带来一些家中并不太坏的消息……他对工程的兴趣，不知道他会不会选择到康奈尔来……要是他到绮色佳来，让他在晚上打电话给我。电话是5345。"（韦莲司的信 1939年8月16日）

胡祖望来了之后，带给韦莲司一块中国刺绣和胡适让带来的茶叶。韦莲司很高兴，精心地为他们安排好了行程。后来，胡祖望决定留在康奈尔大学读书，得到了韦莲司不少的帮助和照顾。

1942年9月，胡适终于卸下了驻美大使的职位，如同卸下一副重担，顿时感觉轻松不少。他在信里对韦莲司说："做个自由人，又有闲暇睡觉，真是太好了！"看了他的信，韦莲司非常高兴，她回信说："每次听到你健康并且活跃的消息都让我高兴……"

只愿做他身旁的一朵水仙

　　而胡适太过自由了，闲暇的时间正和做大使时的忙碌成反比。除了继续外出演讲，其他都没有什么事情做。那段时间，是胡适感受到的第一个低谷。他的情绪很低落，也没有怎么和韦莲司多接触。除了重要的节日，还有他们的生日之外，书信的往来都少。

　　直到1946年6月，胡适被任命为北大校长。坐在归国的船上，他突然后悔没有与韦莲司告别。因为这一去，不知道何时才能见面。

　　　　"在离开美国之前，未能再去一趟绮色佳，我觉得非常难过……我亲爱的朋友，在将近九年的居留之后，我又离开美国了……我会从中国写信给你。怀着爱，一如既往。"

　　回到中国以后，很难有机会再赴美。这一去，又是三年多。

　　早在1946年，韦莲司就已经退休。孤独的她过着离群寡居的生活，只偶尔做做义工，才与外界联系上一点。

　　在胡适的心目中，美国就是第二故乡，还有他思念的韦莲司。所以，他怎么都无法与美国断了联系。

　　1949年，由于政治上的原因，胡适再一次来到美国。这一次，与以前全然不同，再没人请他去演讲，头上戴着36顶美国人给的博士帽也不管用，最后只在名不见经传的普林斯顿大学下属的图书馆当馆长。

　　当胡适前去参加毕业35周年的返校庆典时，与韦莲司有了一次见面。随后，8月份的时候，韦莲司前去纽约探望胡适。这个时候，胡适正与看护哈德曼住在一起。韦莲司与哈德曼有过书信往来。不久前，为了给胡适一个好的生活环境，哈德曼还写信对韦莲司说，因为天热，想为胡适添置一台空调，怎奈她付不起昂贵的价格，想请韦莲司出一半的钱。韦莲司见了信，毫不犹豫地寄过来200美元。

当胡适知道了这件事，很是感动。他知道韦莲司的经济也不宽裕，日常都是靠出租房产度日，马上给韦莲司去信，说他熟悉中国的旧历，今年立秋早，很快就不热了，所以用不着安空调，随信退回了200美元。

随着胡适在美国安稳下来，江冬秀也跟着来到了纽约。

1953年的夏天，韦莲司想邀请他们夫妇去她那里住上一段日子。她很谨慎，事先询问了胡适，这么做是否妥当。在得到了胡适的肯定之后，她又动了脑筋，给江冬秀写了封信。

"亲爱的胡夫人：你到达纽约似乎已经很久了，无论就什么礼节规矩来说，我都应该在几个月前寄封信表示欢迎才对。要是母亲还活着，你到达的那一刻，她就会写这封信（而且会做得比我巧）。虽然这样的延误是不可原谅的，我还是要请求你的宽恕。"

韦莲司很聪明，她担心会有什么风言风语吹到江冬秀的耳朵里，故意把自己的母亲搬了出来。

不知是不是韦莲司搬出母亲的这个法子见了效，还是由

于信写得恳切感人，或者还有数年前韦莲司对其长子的照顾，给江冬秀留下了好印象。总之，江冬秀欣然答应过去赴约，并且一住就是27天，临走还依依惜别地对韦莲司说："这里真凉快，我们真舍不得离开。"

为了迎接胡适夫妇的到来，韦莲司可是下了一场功夫的，担心江冬秀吃不惯，她还专门在厨房准备了中国食品，以供她烹饪。

胡适为她俩做翻译，谁都没有想到江冬秀和韦莲司相处得很融洽。两个老女人坐在一处喝茶、谈天，不知道的还以为她们认识了好久。

这次避暑生活，三个人都很满意，尤其是胡适。他在给朋友的信中说：

　　"冬秀同我在Ithaca住了二十七天，很舒服。"

　　（胡适的信　1953年8月8日）

两两相望于江湖

在这次之后的1955年，韦莲司还想邀请他们夫妇前去度假，胡适回复说：

"我已经感到岁月不饶人了。上个星期是我六十四岁生日，也是我心脏病发第十七周年。去年，我很容易感觉疲倦，在第五大道上，走上五条街，就经常需要停下来休息，那才只有四分之一哩的路啊。唯一让人宽心的是：在我作自己喜爱的研究工作时，坐着工作三四个小时，还不觉得疲倦。"

到了晚年的韦莲司，总是想为胡适做点什么。1958年，胡适准备再一次离开美国，前往中国台湾担任"中央研究院"院长。临别时，韦莲司送礼物给胡适夫妇。她花了一番心思，特意打制了两套银质餐具。最为细心和周到的是，在所有的餐具上面她让工匠刻上了江冬秀的名字，英文和中文的都有。她连一个汉字都不认得，也不知怎么弄上去的。此外，还奉上了写给江冬秀的一封短信：

"感谢你接受像我这样一个没有训练又没有价值的人作为你的朋友。"

韦莲司的细密心思与周到的作为，无不令胡适深深地感激与庆幸。他庆幸自己的幸运，有这样的红颜知己陪着他一路走来。他在信里深情地说：

"文字无法表达我对你衷心的感谢……这份友谊长久以前开始，一直维持到今天，对我们一生有多方面的

只愿做他身旁的一朵水仙

影响，这个影响是超过我们所能理解的。我一向珍惜这份友谊。"

1959年12月28日，是胡适的虚岁70岁生日。按照中国的习惯，是要做寿的。韦莲司送给了胡适一份大礼。她告诉胡适，想为他设立一份基金会。

"我想为你重要著作的出版和英译尽些微薄的力量。譬如，你早年所写那些很具启发、充满活力和创造力的作品，都是用中文写的。我要确定，在我身后，有笔款子专门用作这个目的。这笔款子也许不过几千块钱，但如果运用得当，当以用这笔款子作为开始，逐年递增，结果可以成为一笔可观的基金。"

韦莲司根本毫无积蓄。她所说的数千美元，是打算将房子全部租出去换取的。这一年，她74岁。

为了实现愿望，她搬到了由车库改造的地方做卧室。关于车库的改造，从油漆卧室到做院子的绿化，完全都是她自己独立做的，对于一位74岁的老太太来说，实属不易。

胡适看到她的信后，回信讲：

"我很感谢你要送我这样一个礼物，但是工程浩大，不敢给一种错误的鼓励。"

胡适不想让她的晚年生活太过艰苦。本来她仅仅依靠那点房租生活，并不算是宽裕，还要拿出这么大一笔款项，必然会降低生活质量，所以故意采取冷淡处理。

而韦莲司坚定了信念，一定要做成。做基金，那一点点房租是不够的。韦莲司后来想到出售那栋老宅，她在信里对胡适说：

> "如果我要捐出这笔钱，必须生活在花费比较低的地方，而且这时我若到了巴贝多，此地汇率对美元比较有利，所以我要做这件事。"

1960年时的韦莲司，已经75岁了，身体状况越来越差，有的时候行动缓慢，上楼非常费劲。对此胡适十分担心，韦莲司孤身一人，没有子女照顾，也没有什么钱财，生活一定很是艰难。7月份，她给胡适写信说：

> "随着7月的到来，我怀着能多看你几眼的希望。天气并不好，我的思绪总是围绕你，不知3月初以后，情况如何？"

转眼到了9月，赶上价格合适，韦莲司决定将家里的房子卖了，搬到相对封闭、经济条件差一些的巴贝多岛去住。胡适拦不住，也就只好由着她。恰逢这时胡适到美国去开会，就去机场送她去巴贝多。

只愿做他身旁的一朵水仙

　　他们大概心里清楚，这有可能是此生的最后一次见面。随着时间的流逝，他们的行动越发不便，将来胡适再出远门的机会肯定非常少。

　　一路上，他们都没有怎么说话，只是相互拉着对方的手，就好像年轻时那样。执子之手，与子偕老。他们虽然没有成为夫妻，却也是一路上携着手走过来的。这不能说不是彼此的缘分。

　　韦莲司颤颤巍巍地上了飞机，不住地向胡适挥手道别。她的身边有一件片刻不离的沉重物品，那是将近五十年来胡适所写的信件。

　　这是他们的最后一次见面。

　　这个时期的胡适处境非常不好。由胡适与雷震所主编的杂志《自由中国》受到打击，雷震入狱，胡适数次搭救，都没有如愿。这是一场针对胡适的事件，因胡适的影响力，不敢直接拿他怎么样，便从他身边的人下手。

　　胡适十分难过。他给韦莲司去信说：

　　　　"我必须尽一切可能来帮助那4个被捕的人。目前
　　我一筹莫展……你一有空就请来个电话。过去13天来，
　　我的思绪有些不宁。但我经常想到你和你我的友谊。"

　　1960年10月10日，韦莲司写给仍在美国的胡适最后一封信，信中主要谈及在巴贝多岛的生活，还有美丽的海景。信计此时她写信比较困难了，因而深情地说：

"上个月你所给我无私而又体贴的关爱，是任何人都承担不起的，而我，尤其不敢当。这幅人间爱的图像将悬挂在我的记忆里，无论我到何处，都将带给我喜悦。

不久，你也将回到一个海岛上。不知道在喧嚣过后，他们会不会释放雷震。台湾有英文报纸吗？偶尔寄些剪报给我，那是很有趣的事……"

1961年2月，胡适去参加朋友的一个宴会，刚到就感觉到身体不适。朋友们马上将他送进了医院，随后住院治疗。情况略好一点，他让秘书将报纸上关于他住院一事剪贴下来，给韦莲司寄去。

3月4日，仍躺在病床上的胡适写给了韦莲司一生中的最后一封信，只有一行字：

"我的病情有好转，别担心。"

1962 年 2 月 24 日，在"中央研究院"举行的一次酒会上，胡适刚刚演讲完毕，突然间摔倒，脑袋碰在桌角。身边离他最近的一位女士迅速地上前搀扶起他，但是已经晚了。一代国学大师、学者、哲学家、白话诗先锋、诗人胡适就此离开了人世。

当消息传到韦莲司的耳朵里，她在第一时间给江冬秀写去了慰问信。说：

只愿做他身旁的一朵水仙

"……现在这棵大树倒下了，你和他曾经在这棵树上筑过巢，这棵树孕育了千千万万的果实，让千千万万饥饿的年轻人受到很好的教育，现在你正是大的悲痛的时候。"

10月份的时候，当她知道了胡适下葬的日子，因身体状况渐差的缘故无法前往，便给胡祖望写信：

"作为五十年的老友，我觉得应该有些表示，可是我不知道这样做合不合乎中国的礼数，我只想送他一个小小的礼，我想请你在他的墓边放十朵白色水仙，每五朵绑成一捆，你不必写是谁送的，就悄悄的放在他的坟旁。"

10月，台北墓地的一方新土，埋葬下了一代大师胡适。他的墓前摆放着许多花篮，其中最不显眼的是几束洁白的水仙。它静静地躺在一个角落里，散发着幽然的风情，花朵上仍带着露水，显得那么纯洁。它代表了胡适与韦莲司长达半个世纪的爱情，代表了满头银发、老态龙钟的韦莲司一片深情的哀思。

在给胡祖望的信中，韦莲司又一次提到了基金一事。她说想捐一笔钱，作为胡适英译和出版的资金。这件事不要说出去，只将钱汇入到"中央研究院"作为专项的基金就可以了。

之后不久，韦莲司将五十年来胡适写给自己的部分信件整理出来，复印一份后，将原件寄给了江冬秀。寄去之前她给江冬秀写信，看上去是在解释：

> "我无非是一个幸运的胡博士信件的接收者，而这些书信也生动地取代了日记。""这批信主要谈的是思想、公共事务和他繁忙的工作和旅行，这些资料希望有助于重构他生命中的一些细节。"

胡适逝去的9年之后，1971年的一天，在一次事故中韦莲司离开了人世，享年86岁。在她少得可怜的遗物中，最引人瞩目的是胡适写给她的信件。她的侄子将此寄给了台湾的相关部门。

1937年，胡适在给韦莲司的信中有这么一句话：

> "应念赫贞江上，有个同心朋友，相望尚依然。"

相望，这就是韦莲司与胡适五十年的状态。既然不能相濡以沫，故此两两相望于江湖。作为胡适一生的朋友，韦莲司以一颗永远不变的心守候着他。对于胡适来说，有韦莲司这样的女人终生守候，无怨无悔，永远毫无保留地支持他、信任他，无疑是他的幸运。而对于韦莲司来说，有这样一位值得珍惜、值得去守候的男人，这样一份纯洁无瑕、深远而

只愿做他身旁的一朵水仙

朴实的感情，又何尝不是一种幸运。

韦莲司与胡适的故事，告诉后人这样一个道理：爱情不一定是占有、是得到，最纯真、最深厚的爱情，是看着他幸福，不管身旁有没有你的陪伴。

充满文艺气息的女子

陈衡哲档案

原名：陈燕

英文名：Sophia Hung-Che Chen

祖籍：湖南省衡山县石湾

出生地：江苏省武进县

出生日期：1890年9月13日

家人：父亲陈韬，有名的学者和诗人，精于书画鉴赏，
曾历任四川省乐山、郫县、奉节的知县和崇庆
知府。

母亲庄曜孚，精诗文善绘画，清末民初时期有
名的画家和书法家。得南田画派真传，与齐白
石等人齐名，以画没骨花卉而见长。曾在跟随
丈夫赴四川省乐山时，兴办了女子师范学堂，
并且亲自授课。

伯父陈范，曾于清末年间任江西铅山知县。
1900年，购得上海《苏报》。因报上刊登了不
少进步分子的文章，而受到政府的通缉。曾先后
主办过上海《太平洋报》和北京《民主报》。

舅父庄思缄，1901年筹办广西武备学堂。1905年到广西梧州担任知府，创办了中西学堂。1907年驻扎龙州，兴办了无数所学堂。

丈夫任鸿隽，为民国时期有名的化学家和教育学家。1914年发起中国科学社，并且担任董事长与社长。《科学》月刊的创始人之一，中国近代科学的奠基人之一。曾任国务院秘书、北洋政府教育司司长、四川大学校长、上海图书馆馆长等职。

经历：1.在家中接受文化教育。

2.1903年，跟随舅父到广州读书。

3.1911年，考进蔡元培办的上海爱国女校。

4.1914年，考取了清华大学在上海招收的留美学生，得以来到美国，先后在瓦沙女子大学、芝加哥大学攻读西洋史和西洋文学，获得了学士和硕士学位。

5.1920年，学成回国，在北京大学担任西洋史教授。

6.分别在东南大学和国立四川大学任史学教授，在上海的商务印书馆担任编辑。

7.解放后，担任上海市政协委员。

8.1976年1月7日，因肺炎及并发症去世于上海，享年86岁。

充满文艺气息的女子

曲高而和寡，这该是怎样的寂寞？

1916年的胡适，正在美国的康奈尔大学读书。因与各位好友争辩有关中国文学革命的问题，被好友们数番挖苦，而他的灵感就在这些争论之中不断地迸发。由此，提出了"诗国革命何自始，要须作诗如作文"，并且说中国今后需要用白话文来替代古文。他甚至为自己将来的诗集取好了名字，就叫《尝试集》。

胡适有关白话文的观点，遭到了所有好友的反对，却想不到得到了一位素未谋面女子的支持。

她就是在美国瓦沙女子大学学习西洋历史的陈衡哲。

知音却叹因缘浅

陈衡哲出自名门，祖父陈梅村是清朝进士，翰林院的庶吉士，育有十三名子女，陈衡哲的父亲陈韬为幼子。陈韬做过知县及知府，对诗文与书画有着极高的造诣，是清末民初时期有名的学者和诗人。母亲乃出身于江南第一豪门的庄家，与瞿秋白、吴祖光等人都是远亲。她精于诗文擅长书画，是著名的书法家和画家，深得南田画派真传，与齐白石、吴昌硕齐名，以没骨花卉而见长。她的伯父做过知县和知府，后来办了一份叫《苏报》的报纸，是中国最早期的媒体人。陈衡哲受之影响很深的舅父则是个教育学家，一生办了许多学堂。正是在舅父的教诲下，她走出家门，考取了蔡元培先生的学堂，后来考入公费留学生，得以来到美国读书。

陈衡哲的家庭以文艺见长。在陈家有个逐渐形成的传统：每个出生在陈家或者嫁到陈家的女子，由于天性加上环境的影响，都或多或少地拥有文艺艺术的细胞。

陈衡哲亦然。用胡适的话说：

"身上的每一个细胞都充满着文艺气息。"

胡适倡导的白话文诗歌体遭受到所有朋友的反对，大家都认为白话文可以用在小说和散文里，但是绝对不能用作诗歌。胡适孤零零地坚持自己的观点，无人应和。当陈衡哲得知了他们的辩论，虽然没有直接参与进去，但在言语中给予了胡适最大的支持。这对于孤独的胡适来说，犹如一道和煦的春风一般，吹进了他的心弦。

那年，胡适担任《留美学生季报》的总编。之前报纸上刊登过署名莎菲的文章，当时是由任叔永做总编组稿的。胡适早已久仰莎菲的大名，知她的本名为陈衡哲。到他做总编时，便写信过去邀稿。一来二去的，二人便十分熟悉了。数月下来，通信足有四五十封，平均每月至少有十封信之多。那会儿，每天早上六点钟左右，门口的铃铛便轻轻地响了一

充满文艺气息的女子

下，随之房门的缝隙里一封封地丢进来信件。胡适就跳起去捡。这些信当中，肯定至少有一封是来自任叔永或者陈衡哲的。

虽然之前未曾有过任何接触，但通过任叔永的关系，陈衡哲与胡适早已相互有了一些了解。

任叔永与陈衡哲相识在1914年，一经接触，任叔永便对陈衡哲展开了热烈的追求。作为任叔永的知己，胡适自然熟知这件事的。

任叔永给陈衡哲写过情诗，有《对月》诗三首，其中的一首这样写道：

"不知近何事，明月殊恼人。安得驾蟾蜍，东西只转轮。"

胡适认为这首诗抒发的是浓浓的相思，称"抒意言情之作，其词皆为愁思"。

11月9日，胡适调侃着将任叔永的诗作了一番修改。

"不知近何事，见月生烦恼。可惜此时情，那人不知道。"

当任叔永对月抒发着情感的时候，陈衡哲寄来以《风》和《月》为题的诗歌。

《风》——夜闻雨敲窗，起视月如水。万叶正乱
飞，鸣飙落松鳣。

《月》——初月曳轻云，笑隐寒林里。不知好容
光，已印清溪底。

收到了这两首吟诵风月的诗歌，任叔永忍不住拿给好友
胡适分享，并且神秘地让他猜测为何人所写。

胡适回道："足下有此情思，却无此聪明；杏佛有此聪
明，却无此细腻；以适之逻辑度之，此新诗人其陈女士乎？"

胡适一猜便中。话转述到陈衡哲的耳中，颇有知音之
感。当时的胡适在留学生中间已极有名气，是美国留学生中
的风云人物，能够得到他的悉心赞美，已是甚不容易。且一
言猜中，岂不是知音？彼此正是二八年华，此时的陈衡哲大
概已是芳心微动。

人未相逢，已有暧昧的情思。

所以，待到胡适去信向陈衡哲约稿之时，虽是第一次真
正地接触，却有了早已相识之感。

从前，陈衡哲得知胡适说与任叔永的悄悄话，"我诗君
文两无敌"，便与胡适调侃道："岂可舍无敌而求他乎？"
胡适也不甘示弱，回复道："细读来书，颇有酸味。"陈衡
哲再回复："请先生此后勿再'细读来书'，否则'发明品'
将日新月盛也，一笑。"胡适继续回："还请寄信人，下次
寄信时，声明读几遍。"

一来二去的，两人仿佛并非初相识，倒像是结交了多年

充满文艺气息的女子

的老友般，书信频繁往返调侃。

后来的调侃更加有趣。一个小小的称呼，他们就往来了数封信。

胡适先说：

> "你若'先生'我，我也'先生'你，不如两免了，省得多少事。"

陈衡哲回道：

> "所谓'先生'者，'密斯特'云也。不称你'先生'，又称你什么？不过若照了，名从主人理，我亦不应该，勉强'先生'你。但我亦不该，就呼你大名。还请寄信人，下次寄信时，申明要何称？"

胡适答言：

> "先生好辩才，驳我使我有口不能开。仔细想起来，呼牛呼马，阿猫阿狗，有何分别哉？我戏言，本不该。下次写信，请你不用再疑猜：随你称什么，我一一答应如响雷，决不再驳回。"

想来，陈衡哲读到胡适这番平易近人又诙谐的回信，一定是忍俊不禁。从小生活在女人堆里，胡适还是很会讨女子喜欢的。心灵的距离渐渐地拉近，再拉近。虽未明言，却是心有戚戚矣。

胡适与陈衡哲之间的通信，绝无一句超出友谊界限的言辞，他们之间的交往始终都十分有分寸。即使是有动情之时，也是发乎于情、止之于礼的。

他本是十分自敛之人，身负婚约，怎敢轻举妄动，去伤害母亲充满了期盼的心。再者，当时任叔永正在热烈地追求陈衡哲，作为任叔永最亲密的好友，绝对不好上前妄插一脚。此外，陈衡哲早已对外宣称是个不婚主义者。向来要强的胡适，一定不会放下身段上前碰钉子，连试探都不会试探的。

而不可否认胡适是个情感十分丰富的文艺青年。虽然他是个大学问家，诗书满怀，理性十足，只能说他是控制有加，却不失文艺青年的浪漫本性。因此，在与陈衡哲交往时，必然会有蠢蠢心动的时刻。只是这些时刻，都被掩藏在书信的背后，不易为人发觉。

二人的通信中，其中不少是对诗文的讨论。胡适在朋友中间倍受冷落的观点，到了陈衡哲这里，却获得了完全的支持。在学术上，他俩的观点总是惊人的一致。用胡适的话来说，"是白话文写作最早的同志"。

想来胡适坚持自己的观点，走在思想的最前列，却备受朋友们的打击，该是有多么孤独！此时有位佳人在精神上给予了鼓励，并且身体力行，为白话文的探索做了一些努力和尝试。这样的佳人，必然是心灵相契的那一种。

数月的频繁书信往来，两个人神交已久。却一直到胡适

充满文艺气息的女子

将要回国之际，才有了第一次的见面。

1917年4月7日，在任叔永的陪伴下，胡适前往普济布施村拜会陈衡哲。这一次见面，是任叔永邀请胡适一同前去的。

这次探访，在胡适的日记中没有过多的描述。想来三人之行的场面，一定是十分融洽、友好。这一对相契的才子佳人，是否为"金风玉露一相逢，便胜却人间无数"，还是低头两无言，面面相觑。既然胡适的日记中只字未表，后人也不好妄加评判，但从是任叔永邀请胡适前去一点上看，胡适想与笔友相会的冲动并不是多强烈。这时的胡适，将要回国成亲，恐怕已经将心扉悄悄地闭紧了。

这次会面，是胡适在美国留学期间，与陈衡哲唯一的一次相会。不久之后，胡适即学成归国。

彼此相契的朋友

1920年夏，陈衡哲毕业于芝加哥大学，获得了西洋文学的硕士学位。

在胡适各方奔走，极力的推荐下，陈衡哲进了北京大学，被聘请为教授，成为了中国现代历史上第一位女教授。

这件事上，胡适可谓出力不小。

他先是多次上门拜访了北大校长蔡元培。当然，与蔡元培相交甚密，也说不上是专为此事登门拜访的，但必定是费了不少的唇舌，将陈衡哲大大地赞誉。要不然，一位没什么名气的硕士生，即便是再有才华，也是很难为外人所识的。

随后，胡适找到了史学系主任朱希祖，与他具体协商交流。本来陈衡哲想要教西洋史的，但是当时系里早已定下了人选。于是，朱希祖精心为她安排好其他的位置：先教西洋近百年小史或者英文课，待得第二年再安排教西洋史。这样的安排还算是十分稳妥的。

而在陈衡哲给胡适的信中，她说想要周六可以休息，又希望教授的课程能够两三个小时连在一起。她提出的种种小小的要求，不知怎的，读上去总有种娇嗔埋在其中。

到了开学典礼的那天，恰逢胡适身体不适，但还是坚持参加了。在他当天的日记里，是这么写的："是日新教授皆有演说，莎菲最佳……我也勉强说了几分钟。"

这里说到勉强，作为一名学者兼社会活动家来说，上台演说是常事，家常便饭般的。而这日的演说却称勉强，自然是因为身体的关系。身体不适，强撑着前去参加，最主要的应该是陈衡哲的关系，这是她在北大做教授的第一次开学典礼，胡适是为了陈衡哲前去撑面子的。

数月之后，陈衡哲与任叔永在北平简单地举行了新式婚礼。胡适是婚礼的司仪，卖尽了平生才学做主持。婚礼简单朴素，不讲排场，气氛热烈，与当年胡适的婚礼相差不远。胡适对这对好朋友的婚礼颇多赞誉，曾道："婚礼甚简单，最可采用。"

充满文艺气息的女子

在结婚典礼上，胡适送给一对新人的对联很有意思，很惹人注目——"无后为大，著书为佳"。

有人针对这对联做了很多文章，猜测胡适背后的意思，甚至编排说是胡适仍爱慕着陈衡哲，故而如此说。

婚后不久，陈衡哲就怀了孕，无法继续做教授工作。之前胡适费心做出的安排，统统作废，不免为此遗憾。胡适在日记中写道："此后推荐女子入大学教书，自更困难了。当时我也怕此一层，故我赠他们的贺联为'无后为大，著书为佳'，但此事是一种天然的缺陷，愧悔是无益的。"

日记道明了对联的意衷，完全是出于朋友之情的缘故，那些所谓的推断，实在是后人瞎想。

这位婚前曾抱着独身主义、一直推崇女子独立的女子，婚后竟然接连生了两女一子。北京大学的教授工作自然是做不下去了。她自然知道胡适为这件事出了多少力，但就如胡适日记中言，这等事是一种天然的缺陷，陈女士本人也是无奈的。

做不了教授，陈衡哲便在学术上努力下功夫。

由于看到大学里的教科书都是西方翻译过来的，便花费了大量的时间和心思写下了《西洋史》一书及《文艺复兴小史》。至今，《西洋史》仍是史学生们的主要教科书之一。

《西洋史》的出版胡适也出了不少的力，甚至撰文称赞。在1926年的《现代评论》杂志中，胡适发表的《介绍几部新出的史学书》，其中就着重提到了陈衡哲新出版的《西洋史》，并给予了极高的评价。

文章中这么写道：

　　"陈衡哲女士的《西洋史》是一部带有创作的野心的著作。在史料的方面她不能不依赖西洋史家的供给。但在叙述与解释的方面，她确然做了一番精心结构的工夫。这部书可以说是中国治西洋史的学者给中国读者精心著述的第一部《西洋史》。在这一方面说，此书也是一部开山的作品。"

　　这番评价很中肯。可以说胡适通读了全书，才会有此感想。并且由于对陈衡哲本人的熟知，因而对书籍的理解更深入了一步。

　　"史学有两方面，一方面是科学的，重在史料的搜集与整理；一方面是艺术的，重在史实的叙述与解释。"

　　到了今天，再读陈先生的这部书，百年之后看来，也许在思想深度及广博度上，带有深深的时代印痕，但是其中的独到写法，至今仍在史学书中展示着独特的魅力。她将自我的艺术修养，融入此书中去。精心组织的语言与结构，以女性特有的细腻的一面，将史事娓娓道来。即使是今天，也没有被时间淘汰，散发着灼灼的光彩。

　　陈衡哲以自己的努力来回报胡适的扶持，胡适始终锲而不舍地在第一时间为朋友帮忙。

充满文艺气息的女子

1920年8月22日，胡适与任叔永、陈衡哲两位好友重聚在南京的鸡鸣寺，把酒言欢，对月抒怀，甚为畅意。而与此同时，在北京的钟鼓寺的胡同里，一个女婴诞生了，她就是胡适唯一的女儿。

起名一事自然落在满腹诗文的父亲身上。走在时代前沿的胡适，自然不会遵循传统的论家谱排辈分，而是起了个极雅致清婉的名字"素斐"。这个名字看上去没有什么不妥，但若是读出来，细心的人便能发现与陈衡哲的英文名字也用作笔名的"莎菲"为谐音，而莎菲与素斐的英语发音都是 Sophia。

就这一个名字，将胡适的心思悄悄揭示。他的内心深处，始终有一片芳草地，是属于陈衡哲的。他用最心爱女儿的名字，来寄托对伊人的爱慕。

当然，这种爱慕不是单纯的男女之情。要不然，胡适是不会光明正大地写进日记里去的。

在1921年7月31日的日记中，胡适记下了当天新写的一首诗。

"重上湖楼看晚霞，湖山依旧正繁华。去年湖上人都健，添得新枝姐妹花。"

此诗的后面注明，三个朋友一年中添两女，吾女名素斐，即用莎菲之名。

既写得清楚，自然胸中坦荡，并无对陈女士有多一分的不伦之情。若是说当年在美国你一封我一封的频繁书信之时，内心还有一些的暧昧存在，到了此时，胡适与陈衡哲之间的感情，可以说是比友情多一点，比情人少一点，顶多可以彼此称之为"红颜"与"蓝颜"。

素斐五岁那年，很不幸地得了重病去世了。胡适夫妇十分伤心。心挂胡适的陈衡哲去信说，你要是挂念女儿，就把我们的女儿送你一个吧。或者有更好的办法，把你的儿子送一个给我们，你说好不好？

最终，交换儿女的行动没有成功。但陈衡哲的女儿认了胡适做干爸爸。

《洛绮思的问题》

1924年《小说月报》的10月号里，刊登了陈衡哲写的小说《洛绮思的问题》。

洛绮思的典故由来已久。早在欧洲的中世纪就有僧尼之间的亚伯拉与洛绮思的故事。法国的卢梭写过一个书信体的小说《新爱洛绮思》。而这个三角恋爱的故事，在陈衡哲女士的笔下，换作了她自己的味道。

文学是人学，尤其是小说，讲的虽是虚拟中的人物，但是其中的人物性格，必然有作者的影子存在。

陈衡哲的《洛绮思的问题》，是以宣称独身的知识女性

充满文艺气息的女子

为主线而讲的故事。

哲学系的研究生洛绮思与她的导师瓦德白朗教授相恋多年，已经举办过订婚仪式。但只因洛绮思怕影响自己的事业，不想结婚生子，于是提出了分手。瓦德白朗教授大方地取消了婚约，深情地说："洛绮思，我爱你，崇拜你，便是为着你是一个非常的女子。若是为了我的缘故，致使你的希望不能达到，那是我万万不能忍受的。你应该知道我并不是那样自私的人。若能于你有益，我是什么痛苦都肯领受，什么牺牲都能担当……"

瓦德白朗教授与洛绮思分手之后，与一位中学的体育教师结婚了。度完蜜月后，他给洛绮思写信，讲他的新婚妻子很粗鲁，但是简单而快乐，和她在一起很放松。"我心里的一角，是不能给她的。常趁无人时，把它打开瞧一瞧，回忆一回，伤心一回，让它把我的心狠狠地揉搓一回，再关闭了。这是我的第二个世界，谁也不能偷窥。""我要求你明白，瓦德虽然结了婚，但不曾因此关闭了他的心。尤其是对洛绮思，他的心是永远打开的。"

但这封信到最后瓦德白朗也没有寄给洛绮思，而是另外写了一封大方的信，说两人除了一起切磋学问之外，再没有别的关系可以发生了。

在《洛绮思的问题》发表前，自然要先给胡适过目的。胡适看过之后，示意陈衡哲做些修改，为此还与陈衡哲夫妇商讨了许多修改的方案。最终，陈衡哲同意了胡适的建议。修改之后的小说，在结尾处将瓦德白朗这个人物淡去了，换作描述洛绮思孤独终老的晚年生活。

很明显，这篇小说暗指胡适与陈衡哲之间微妙的感情，是陈衡哲以小说的形式向胡适表达着自己的情感。他们相互爱慕，却碍于世事的阻碍，而不能在一起。

所谓心有戚戚也。即便是没有这部小说，胡适岂不知陈女士的心意？但这是不宜言表的。彼此双方在各自的领域中颇有建树，都是社会上颇有名望的人，即便是一点点的影射与猜测都不能留下。往事如烟，就让这一切永远埋藏在心底。

据说，胡适就这篇小说，也写了一篇来回应，只是原稿早已不见了。

从此，胡适与陈衡哲默默地达成共识，再没有出现过丝毫的超过友谊界限的情绪。他们保护着自己的名声，直到十年后，竟有人将他俩暧昧的过去重提。

1924年8月，《十日谈》杂志的29期上，有个叫"象恭"的人发表了一篇名为《陈衡哲与胡适》的文章。文章声称，陈衡哲在留美期间就认识了胡适，并且爱上了他，主动向胡适表白。胡适拒绝后，感到心有不忍，便将她介绍给好友任叔永。任陈婚后，感情一直不浓不淡的。

先注意到这篇文章的是任叔永与陈衡哲夫妇。夫妻大怒，带着杂志就去找胡适。当时胡适正忙得不可开交，见到此文后也十分地生气。挤出了一点时间，写了封抗议信，经任陈过目修改过后，立刻寄给了《十日谈》杂志社。并要求"象恭"出来道歉，解释此事。而杂志社没有交出"象恭"这个人，到最后胡适他们也不知此是何人。39期的《十日

充满文艺气息的女子

谈》刊登了胡适所写的抗议信，下面登有编者按，向胡适与任陈夫妻道歉。

胡适本着惯有的得饶人处且饶人的处事态度，再也没有追究，此事便不了了之。

而这件事之后，有关胡适与陈衡哲的绯闻，算是传了出去。

1923年的春天，胡适杂事繁多，身体不大好。此时陈衡哲已经辞去了北大教授的职位，定居在上海。鉴于此，她便力劝胡适前往杭州休养，说还可以一同游杭州。

胡适听从了劝告，于夏天之际来到了杭州。

8月份，中国科学社的第八次年会在杭州召开，任叔永与陈衡哲都前去参加，在杭州与胡适会了面。夫妻两人来到胡适居住的烟霞洞住了数天。

由于天各一方，胡适在北，陈衡哲在南，有数年的时间见面机会极少。1928年，胡适被聘为中国公学的校长，中国公学就在上海，此后胡适的大部分时光将会在上海停留。怎奈造化弄人，几乎就在胡适来到上海的同时，由于工作的关系，任叔永调往了北平任职，因而再一次擦肩而过。

胡适经常要去北平公干。有一次，他在北平足足待了五周，其中有三周的时间，住在陈衡哲的家里。三个好友多年未能有这么多的相聚时光，那段日子十分快乐。任家的两个孩子，也很喜欢这位爱说话、和蔼可亲的伯伯。

在陈衡哲的信中，谈到了两个孩子对胡适的依恋之情。

"适之，今天小都、书书看到我不曾同你一起回

来，失望极了，尤其是书书……她们都盼着胡伯伯回来
住，在君又要说，这是娘的意思了。若然，那真是阿弥
陀佛，冤哉枉也。她们的父亲和母亲，虽然也盼你能回
来住几天，但自知没有与你的把哥哥争客的资格，一定
不望你回来的。但他们两人却真是和你要好极了。"

此番话虽然是借着儿女之口，极力邀请胡适再去家中住
上数日，但其中的浓浓期盼，任是谁都读得出来。

也许，正是因为这时聚时散的岁月，以及从未间断过的
通信，才使得这段深深的友谊持续了他们的整个一生。

临别两依依

1948年，北平被围，胡适准备离开前往台湾。他先到了
南京，之后去了上海。抗战之后，任陈夫妇一直住在上海。
这个时期的陈衡哲与杨绛来往甚密，杨绛曾经撰文回忆过这
段日子。

"胡适那年到上海来，人还未到，任家客厅里已
挂上了胡适的近照。照片放得很大，还配着镜框，
胡适二字的旁边还竖着一道杠杠。陈衡哲带三分恼

火对我说：'有人索性打电话来问我，适之到了没有。'"（摘自杨绛文《怀念陈衡哲》）

杨绛对陈衡哲这句话的评论是：

　　她的心情我能领会，我不说她是"乃深喜之"，要是这么说，就太简单了。（摘自杨绛文《怀念陈衡哲》）

细腻的杨绛为陈衡哲的闺蜜，自然清楚地明了她的心。问话的人，定然极为熟悉胡适，知道他来到上海，必然先行去见陈衡哲。这其中的细节，却不为人明白地道来。因此唐突的问话，令原本心慌意乱的陈衡哲有些恼火，但内心实则深喜之。这番心绪，实在是婉转得很，耐人寻味。

在《怀念陈衡哲》一文中，详细地描述了胡适走前与陈衡哲相见的情景，并且将二人的每一个眼神与动作的细节写得清清楚楚。

解放在即，坐在任家客厅的三大知识分子——胡适、任叔永、钱钟书等人面临着选择。钱家是肯定不走的，胡适是要离开，任陈夫妇选择了留下，这就意味着数十年的好友将要离别。下次相聚，尚不知何时，前路茫茫，或者此生再无相会的机缘。

而事实正是如此，此日一别，即为永别。

他们都很清楚面临的是什么，却不好直接说出来。气氛

斐细在情感和理智之间

——你所不知道的胡适

看上去很轻松，谈谈知识分子的前途，谈谈苏联，谈谈闲话等。而在貌似轻松的谈话下，则是各自紧张的内心。

因为胡适还有一个约会要赴，主人家的车子已经在屋外等待，胡适不得不离开。在杨绛的笔下，临别的胡适与陈衡哲之间不动声色的交流很有些特别。

任叔永与钱钟书均站起身前去送行。陈衡哲从沙发上站起，然后又坐下，似乎是想去送行，却又觉得不妥。最后，只有眼睁睁地望着胡适离开。

而胡适，一手拿着帽子已经走到了门口，却又返转回身，用手指点着桌子上的芝麻烧饼，俏皮地道："'蟹壳黄'也拿出来了。"

没待陈衡哲回答，便笑嘻嘻地离开了。

望着胡适从门前消失，陈衡哲不悦地说："适之 spoilt（宠坏）了，'蟹壳黄'也勿能吃了。"

杨绛笑笑，没敢说什么。在杨先生的眼里，"蟹壳黄"极适合做早餐，却是不方便拿来当作茶点待客的，有谁会吃那么大个儿的芝麻烧饼。因此，那盘"蟹壳黄"到最后谁都没有碰过，孤零零地躺在桌子上。

"蟹壳黄"这种芝麻烧饼，是胡适的家乡安徽绩溪一带的特色小吃。杨绛说不适合做茶点，陈衡哲岂有不知的道理，可她却公然摆了出来。而已经走到门口的胡适，却又返转回身，专门在"蟹壳黄"上点了一下，其意颇深。

有一种惆怅，有一种无奈，有一种柔情，是无须言表的。

最深最挚的感情，就是你我远远地观望着，谁也不开

充满文艺气息的女子

口，一切尽在不言中！

从此隔海两茫茫

关于爱，胡适曾与陈衡哲谈论过这个话题。

胡适在日记中写道：

> "与莎菲谈，她说 love 是人生唯一的事；我说 love
> 只是人生的一件事，只是人生许多活动的一种而已。她
> 说，因为你是男子。"

对于女子，对于陈衡哲，爱是人生唯一的事，是最纯洁
的感情。

1949年之后，任陈夫妇再没有与胡适这位一生的朋友直
接联系过。因为他们的一双子女尚在国外，胡适的消息便由
这对子女来传递。

身边的亲朋好友纷纷与胡适撇清关系，甚至站出来揭
发、抨击、诋毁他，再没有谁以"我的朋友胡适之"而自豪
的时候，任陈夫妇始终沉默不语，用无声的行动来维护与胡
适的纯真情感。

当时，大陆对胡适的批判是强烈的，但陈衡哲从来没有

因为这个原因而断了与胡适的联系，为了自保，家人暗自将胡适之名替换为赫贞江上的老伯。这是个很文艺化的名字，浓浓的深情中其实含着典故。

数十年前，胡、任、陈三人在美国留学，赫贞江为纽约边上的赫德逊河。当年胡适在那里读书，与朋友通信曾以此而自称。而跟随蒋介石到台湾的胡适，由于他的自由主义并不受重用，后来就又去了美国，还是住在赫德逊河畔。

1961年11月9日，任叔永因病去世。陈衡哲在悲恸之余，第一个想要通知的就是胡适。她忙给远在国外的子女去信，要他们及时通知赫贞江上的老伯。当胡适接到来信，并且回信的时候，已是来年。由于自身的境遇也不算好，得知老友去世的消息，胡适的心中充满了巨大的悲伤，他在信中写道："政治上这么一分隔，老朋友之间，几十年居然不能通信。请转告你母亲，'赫贞江上的老朋友'在替她掉泪。"

信中的最后，胡适叹道："三个朋友之中，我最小，如今也老了。"

写完此信后的一个多月，胡适在台湾主持"中央研究院"的一个酒会。演讲完毕，走下演讲台的时候，突发心脏病，摔倒在地，后抢救无效逝世。

同一时候，陈衡哲的眼病越来越严重，正在努力写一篇纪念任叔永的文章《任叔永不朽》。

胡适逝去的消息，子女没有告诉母亲。因为此时的陈衡哲正沉浸在失去任叔永的悲恸之中，若是得知胡适也随之去世，恐怕她接受不了这么大的打击。这是她的生命中最重要

充满文艺气息的女子

的两个人，先后离她而去，该是多么大的痛苦。而她的身体状况也不大好，不宜过度伤悲。

晚年的陈衡哲是在上海度过的。1976年1月7日，因肺炎及其引发的并发症医治无效，在上海去世，享年86岁。

胡适与苏雪林的情缘

苏雪林档案

原名：苏小梅

后改名：苏梅

字：雪林

乳名：瑞奴、小妹

笔名：瑞梅、绿漪、瑞奴、瑞庐、小妹、灵芬等

祖籍：安徽省太平县岭下村

出生地：浙江省瑞安县城

出生日期：1897年2月24日

家人：祖父苏锦霞，因在当铺破了一宗被盗案，而获得当铺老板赏识，后与苏锦霞的大哥一起捐了一个典史的职位。后在浙江省瑞安县署理县政。升职为海宁知府，只因辛亥革命的来临，导致落空。后建了一所"海宁学堂"作为纪念。

父亲苏锡爵，为清末秀才。捐了道员，签为山东候补，后去云南任职。

母亲杜浣青，世代为农。

经历：1.7岁，随叔叔兄弟们在祖父办的自家私塾中识

字读书。

2.1914年，因父亲的工作变动来到了安庆，进入一家基督教办的小学读书。仅仅半年，即跟随母亲回乡而辍学。

3.1915年，考入安庆市省立初级女子师范。因善诗文通绘画，而闻名学校。

4.1919年上半年，从安庆师范毕业，留在学校的附小教书。

5.1919年下半年，与同学庐隐结伴来到北平，考取了北京高等女子师范。

6.1921年秋，前往法国学习西方史及绘画。

7.由于在法得病住院期间，得到一些天主教修女的帮助，从而皈依了天主教。并于1925年，母亲得病期间回国，且被迫与张宝龄完婚。

8.1949年来到台湾，研究楚辞。

9.1950年，再一次来到法国。后来花光了所有的积蓄，于1952年回到了台湾，被聘为台湾省立师范大学教授。

10.1957年，赴台南成功大学做教授。

11.在1968年，由于执教40周年，台湾教育部为她颁发了奖金。

12.1998年5月27日，回到家乡黄山探亲。

13.1999年4月21日，身患肺炎去世，享年102岁。

胡适与苏雪林的情缘

在胡适众多的学生当中，有一位赫赫有名的女作家，她即使是到了耄耋之年，依旧十分崇敬地称胡适为老师，她的名字就叫苏雪林。

苏雪林对胡适的情感很复杂，起初以师生之情居多，在其后半生则掺杂了其他的情感成分。她曾在自传中说，年轻时在胡适家里做客，浑身地不自在，坐立不安，面色羞红。这等于是承认了对胡适有着特别的情感。

她还曾经说，一生有过两次大哭，一次是母亲去世时，另一次是胡适去世时。在苏雪林的心目中，胡适的地位是无人能够取代的。在胡适的生前生后，凡是有人待他不敬，苏雪林都会跳出来痛斥一番，对于鲁迅的鞭尸如此，对于唐德刚也是如此。她曾经写过一本书，名为《犹大之吻》，就是在斥责唐德刚身为胡适的弟子，却说了许多在她看来大为不敬的话。

苏雪林是个爱恨分明的人，在思想上与胡适不谋而合，却因个性的不同，走着完全不同的道路。她终生追随于胡适，至死不悔。这大概也是不论她怎么闯祸，胡适一直护着她的原因。

五四运动的冲击

苏雪林出身在浙江省瑞安县城的县衙里。由于祖母对女性的轻视，不能正大光明地去读书。7岁的时候，跟着叔叔和兄弟们在祖父衙门里的私塾读了一两年的书。当家里的男孩子们都去了正式的学校读书，她只好辍学回到了家中。依靠着私塾里学得的数千字，慢慢地读了《西游记》《三国演义》《封神榜》，甚至《阅微草堂笔记》等文言类的小说。她整日埋头读书，沉迷在书籍的世界里，不可自拔。这段小时候的经历，给她以后的创作打下了坚实的基础。

1914年，一家随着父亲迁居到安徽省安庆，一位开明的叔叔见苏雪林酷爱读书，就劝服了她的父亲，将她送往当地的一所基督教开办的小学。但只上了半年多的时间，她就随母亲来到了家乡岭下村生活。

苏雪林不愿就此远离了心爱的学校，为此哭了不少的鼻子。她甚至独自跑到离家很远的树林里忧伤地徘徊，好几次差一点跳进山涧了结生命。幸好母亲苦苦地央求祖母，说师范大学不用支付学费和生活费，吝啬的祖母这才答应苏雪林继续求学。

这给苏雪林很大的影响。同时，她十分感激母亲对她的无条件支持，这份感激最后终究改变了她的人生轨迹。

1915年，苏雪林进了安庆市的初级女子师范。多才多艺的她很快在学校十分引人瞩目。毕业后，留在了母校教书，并结识了卢隐，很快与之成为朋友。两个人相约结伴来到北平，一同考上了北京女子高等师范大学国文系。

在她来到北平读书的这一年，五四运动刚刚发生不久，整座北平城弥漫着一种自由而新鲜的气息。苏雪林被这股气

胡适与苏雪林的情缘

息所深深地吸引，深受感染。

1969 年，苏雪林发表在《国语日报》上的一篇文章里说："我全盘接受了这个新文化，而变成了一个新人。"

当时北京女子师范的国文系主任是北大毕业的陈钟凡。他请来数位新文化运动的先驱人士如胡适、周作人、李大钊等人前来讲学，其中给苏雪林留下最深印象的就是胡适。在二十几年之后，她曾经回忆道：

> "胡先生给我们的印象当然最为深刻，当他来教自编的《中国哲学史》时，别系同学都来旁听，即年在四五十以上的学监、舍监及校中各部门职员，也自己端个凳子坐在我们后面，黑压压地水泄不通地一堂人，鸦雀无声，聚精会神，聆受这位大师的宏论。"

虽然苏雪林对胡适崇敬有加，却碍于少女情怯，不敢到讲台前与胡适近距离接触兼请教，她将那一份爱慕深深地藏在心底。

胡适的思想对苏雪林的冲击与五四运动的差不多。胡适曾经为本校一名叫李超的女学生作传，只因她因贫致病而亡。他在课堂上讲：《李超传》比起《史记》中的《汉高祖本纪》《项羽本纪》等都要有价值。他主张婚姻自由，尊重女子，男女是平等的。这对于生长于封建家庭观念十分浓厚的苏雪林来说，简直是不可思议的荒唐言论。

一直到后来，她仔细地阅读了胡适在报刊上的大部分文章，才慢慢地消化了这些思想。随后，如饥似渴地阅读了胡适等人创办的《新青年》《新潮》等进步杂志，从中获益匪浅，对胡适的敬意渐增，"列举旧礼教之害，则颇惬我心"。

正因为胡适对于苏雪林思想意识的冲击相当大，虽然只教了她短短一年多的时间，她却叫了胡适一生的老师。

当时在北京女子师范大学教书的数位教授都有着进步的思想、丰厚的学识，而给苏雪林留下最深印象的唯有胡适。而此时，胡适对这位女学生丝毫不识。

到了1921年4月至5月期间，《女子周刊》连载了苏雪林的评论文章《对于谢君楚桢白话诗研究集的批评》，引起了极大的轰动。

谢楚桢是胡适在中国公学的同学，她写完《白话诗研究集》后，曾经找到胡适，想请他给写几句好听的话。胡适读完之后，委婉地劝告她这本集子根本没有出版的必要。但谢楚桢并没有听从他的话，出版后，又找到胡适，再次想请他帮忙做宣传，胡适又一次拒绝了她。之后，谢楚桢拉来了一些名士，写了许多赞扬的语言。对此，胡适很不以为然。但他只是在自己的日记里表达了此观点。

由于谢楚桢请来的一些名人，不断地在报刊上发广告，将这部《白话诗研究集》吹捧成一流的诗集，引起了苏雪林的注意。她找来此书仔细阅读，得到的印象非常不好，就写了很长的评论，《女子周刊》分了数次才刊登完毕。评论中将此书说得一文不值，极尽挖苦与讥讽之语言。而她的评论也不怎么样，洋洋数千言，也没有说清楚这本书到底哪里不

胡适与苏雪林的情缘

好，读者看了更加眩晕。

初出茅庐的苏雪林显然得罪了已经在文坛有了些地位的人。不等谢楚桢亲自出来说话，她的支持者们觉得被无名小辈批评，面上无光，在《京报》上发表了《同情与批评》一文，指责苏雪林是虚荣心强，借此机会出风头，并说"你能骂人，别人也能骂你"。随后，《京报》连续出现辱骂苏雪林的文章。

苏雪林不甘示弱，随即写了答辩的文章，文章里说，谢楚桢曾经找到她，要求她在三日内道歉，并且给北京女子师范学校施加压力迫使苏雪林道歉，不然就到法院去起诉她。

她将文章交给《京报》，《京报》不予刊登。她便找到了《晨报》发表。《京报》的一位主编见到后，很为不满，就又写了一篇《不得已的答辩》回复苏雪林。一来二去的，双方的言辞越来越激烈，尤其是《京报》，在5月13日刊登的一篇文章《呜呼苏梅》中用极尽下流的语言辱骂苏雪林。由于此文的辱骂过于低级下流，将此事的影响进一步扩大。一些正直的报纸纷纷指责《京报》的不堪。迫于压力，参与此事的李石曾、彭一湖等八人在《晨报》上刊登声明，声明中说《呜呼苏梅》非易均左所作。

当看到事情发展到如此之乱，虽然谢楚桢是胡适的老同学，参与辱骂的人当中也有他的朋友，但胡适还是忍不住站出来替苏雪林主持公道。他严厉批评了《京报》上辱骂苏雪林的文章，并对之后李石曾等八人的声明表示了质疑。

在胡适等名人的压力下，李石曾等八人再次发布声明，但是声明都没有说明白，最后这件事不了了之。但由于胡适等人的大力支持，使得苏雪林的名誉不降反增，最终取得了上风。

这件事让苏雪林对胡适充满了深深的感激。她对胡适的敬仰之情犹如滔滔江水般汹涌。

初见偶像

1921年，苏雪林赴法国留学，学习了西方文学史与绘画艺术。后来由于母亲病重，没有完成学业即回了国。

1928年的一天，她与好朋友冯沅君一起前去胡适家中探望。冯沅君是冯友兰的妹妹，因为与陆侃如谈恋爱而与胡适熟识，经常到他家做客。

而景仰了胡适十几年的苏雪林，终于有了机会与偶像近距离接触，心情自然是特别激动。她忐忑不安地随着冯沅君走进了胡适的家，心"怦怦"地跳得厉害。

胡适向来晚睡晚起。她们去的时候，他正在吃早饭。一见她们，就很热情地打招呼，叫她们坐下。苏雪林完全没有想到，鼎鼎大名的胡适这么没有架子，平易近人。她起伏的胸口渐渐地平静下来。

胡适正在吃一种叫麦饼的东西。据胡适介绍，这种饼是

徽州特产，由夫人江冬秀亲自做的，并让夫人又拿出了两盘子麦饼，招待两位女士。

苏雪林不知为什么有些羞怯，低着头走到了一边。还是冯沅君将她拉了过来，方才坐下。

于是，两位女士一边吃着味道不怎么好的麦饼，一边听胡适介绍麦饼的来历。

徽州自古地贫人穷，没什么特产可以养人，所以徽人喜欢外出求生。由于徒步一走就是几百里地，便于携带的麦饼就成了极受欢迎之物，是出门的必带食品。久之，成了徽州人外出艰苦奋斗的标志，为"徽州之宝"。

苏雪林听得呆了，没有想到小小的麦饼竟有如此凄凉的故事。她也是徽州人，对此却丝毫不知。这一次拜会之后，更增添了对胡适的崇拜与好感。

之后，她将拜会胡适一事写成文章，发表在《生活》上。苏雪林写散文的文笔很好，尤其是抒情散文，这篇文章由于带着深深的情感，又极有感悟，所以写得十分温婉美丽。胡适见了，很是喜欢，对苏雪林的才华十分欣赏。

自此之后，苏雪林偶尔和胡适通信，探讨翻译小说，彼此都能谈到一块儿去，关系愈加亲密。当胡适出版新作的时候，每每忘不了送苏雪林一本。

不久之后，苏雪林出任武汉大学的教授，武汉大学的校长等人均为胡适的朋友，因此胡适经常前往。他便与苏雪林有了频繁的接触，时不时地在一起畅谈。

对鲁迅的恶骂

1936年，鲁迅因病去世。

就在鲁迅离开人世的一个月之后，曾经对鲁迅赞赏有加的苏雪林突然间跳出来辱骂他，她给主持鲁迅治丧委员会的蔡元培写信，说欲与之一论。只因当时蔡元培身体欠佳，身边的人见到信后，没有转交给蔡元培。苏雪林不久即把写给蔡元培的信发表。

在给蔡元培写信的同时，苏雪林也给胡适写了一封关于对鲁迅批评的书信。待胡适看到这封信的时候，已经是二十几天之后。他见到信后，立即提笔给苏雪林写了回信。

在回信中，胡适说：

> "我很同情于你的愤慨，但我以为不必攻击其私人行为。鲁迅狺狺攻击我们，其实何损于我们一丝一毫？我们尽可能撇开一切小节不谈，专讨论他的思想究竟有些什么，究竟经过几度变迁，究竟他们信仰的是什么，有些什么是有价值的，有些什么是无价值的。如此批评，一定可以发生效果。"

胡适与苏雪林的情缘

此后还说：

> "凡论一人，总须持平。爱而知其恶，恶而知其美，方是持平。鲁迅自有他的长处。如他的早年文学作品，如他的小说史研究，皆是上等之作。"

收到胡适回信的苏雪林，只觉得胡适的话颇不入耳，不知道出于什么原因，她将与胡适往来的信件发表在武汉的半月刊杂志《奔涛》上。

杂志见世后，引起了文化界的轩然大波，尤其是左翼人士对苏雪林展开了猛烈的攻击。苏雪林自己说：

> "文艺界视我如异端，如化外，见了我都咬牙切齿，恨不得将我吞噬下去。"

胡适的夫人江冬秀对此很生气，觉得苏雪林做事轻率，不考虑后果，此举大大损害了胡适的公众形象。而胡适倒是不以为然，他说：

> "苏雪林并没有虚构，事实就是这样，让世人知道真相也没什么大不了的。"

事实的确如此。胡适在信中没有任何过分的言论，他的话都可以拿到任何地方去说。在他的信中，只看到"宽容"

二字。

鲁迅的生前，由于彼此均处于新文化运动的顶峰，各自的观点完全不同，而对胡适有过许多批评的言论。胡适一直对鲁迅十分夸赞，甚至将20世纪20年代白话短篇小说的成就完全归于鲁迅。并且在鲁迅死后，积极地促成出版《鲁迅全集》。

苏雪林在1921年经历过数名人品卑劣名士的谩骂，而她竟然也感染了此等不良的行为。指责鲁迅时，并不是从学术的角度出发，而是用恶毒的语言进行人身攻击，且相当的偏激。

她在给胡适的信中说，她想做一个"唐吉诃德"，将鲁迅"剥去这偶像外面的金装，使青年看看里面是怎样一包粪土"。

当信件发表后，所引起的影响是她始料不及的。一时间她不知如何面对，尤其是给胡适带来了很多麻烦，深感惭愧，心中惶惶然，有很长一段时间，都不敢给胡适写信。

胡适看出苏雪林的复杂情绪，并没有怪罪于她，还亲自跑到武汉大学去看望她。

见到胡适微笑着站在自己的面前，已是武汉大学教授的苏雪林像个小女生一样将头埋到胸前，半天不敢看他的眼睛，心跳得加速，脸上一片绯红。

胡适邀请她去一家安徽馆子吃饭。苏雪林先是不住地推却，后来禁不住胡适的盛情邀请，便怀着忐忑不安的心情而去，与心目中的偶像吃了一顿十分甜蜜的美餐。

要说起来，苏雪林为什么要谩骂鲁迅？据记载，苏雪林

胡适与苏雪林的情缘

与鲁迅只见过两次面，鲁迅对她均是冷冷的，苏雪林也只是轻轻点了点头，几乎没有说话。因此苏雪林的心中很是不爽，对鲁迅的印象十分不佳。

而仅仅为此就对这位大师做出一系列的辱骂，显然是难以成立的，其实主要的原因是鲁迅对胡适的挖苦与谩骂的关系。鲁迅在世的时候，曾在许多文章中对胡适从不同的角度进行嘲讽与谩骂。

而胡适对于鲁迅的攻击，从来都没有正面回应过，而是以他惯有的性格，宽容地对待鲁迅的谩骂。

作为十分景仰胡适的苏雪林来说，估计在旁边看得一定是气得肺都要炸了，越发地看鲁迅不顺眼，咬牙切齿。

在苏雪林的眼中，胡适是个完美的、没有丝毫缺陷的老师。在老师的身份下，对其还有几分异样的情愫。胡适是个彬彬有礼的君子，对待女性尤为尊重，这在当时的背景下是十分难得的。苏雪林的情感特别丰富，善于幻想，因而对胡适产生异样的感情，也是十分自然。

她的个性向来是剑走偏锋，做事冲动不计后果。她对胡适的情感愈加深厚，对鲁迅的恨意也就尤其深，因而形成了对鲁迅的谩骂。后来在胡适的劝告下，略有所领悟，但仍不能停止，在她六十七岁那年，出版了一本《我论鲁迅》，其语言依旧尖利恶毒。

苏雪林选择鞭尸这一手段，显然在心理上是不健康的。她的一生充满了不平。少时为了求学，无数次地折磨自己的身体，甚至差点自杀。而就是由于她的激烈反应，才获得了求学的机会，从而渐渐形成了暴烈的个性。

五四精神——理性与反理性

1958年5月5日，苏雪林在给胡适写信的时候，本着请教的态度，同时寄去了自己的四部著作。

5月12日，胡适在回信里就小说《棘心》所表达的"理性女神"的问题，提出了自己的观点。他说，首先是同情苏雪林对于"理性女神"带有理想主义的渲染，但对于五四运动他则有着不同的看法，觉得其中含有的"反理性"的成分居多。许多从五四时期走过来的人，实质上慢慢地走上了反理性的路。

如果说五四运动的精神是民主与自由，那么它就是属于理性的产物。凡是参与了五四运动的人，无不为其特有的"理性"深受感染，为了弘扬五四精神奋斗了终生。但是，也有部分的人过分地曲解了五四的精神，走上了与其精神背道而驰的地方。这便是五四运动之中的"反理性"。

在苏雪林看来，五四精神有着其无比崇高的地位。她甚至说，五四时代是个理性主义当王的时代。出于对"理性主义"的崇拜，她用极大的热情描绘了《棘心》中的女主人公，将其塑造成一个"理性女神"，以尽情地表现出"理性

主义"的伟大。

而她的这种对"理性主义"的过分痴迷与崇拜，表现的恰恰就是胡适所说的反理性。

包括1921年间，数位名士对苏雪林的谩骂攻击，以及苏雪林对鲁迅的鞭尸行为，完全都是反理性的，是由五四运动带来的极端反应。

后来，苏雪林也意识到了这些。她说：

"五四运动之起，像一股初出三峡莫可阻拦的奔流，动摇了数千年来封建的壁垒，冲决了最森严的礼教的藩篱，打破了蒂固根深的传统习惯与过去的制度典章，历史上的圣贤豪杰，都要重新加以估价，而估价的结果，总觉得都是一文不值……那时个人主义大昌，人人以发展个性为惟一要求，个性发展以破坏为当然手段，我们都是二十岁上下的青年，都是这个时代思潮冲激震荡出来的人物，学问虽谈不上什么，经验也异常贫薄，但上述这些论调却早跟着时贤之后，听得惯而又惯了；自己谈话写文，开口即至，摇笔即来，也熟而又熟了，而且居然认为天之经，地之义，谁敢反对，谁就是思想落伍，并可以说是不齿于人类了。"

这种自由主义正如胡适所言，实则是反理性的。在胡适的引导之下，苏雪林终于在学术上跨越了一大步。

苏雪林与胡适走得这么近绝不是偶然的。早在1919年间，当时胡适与其他各位新文化运动大师一起在北京女子师范教学，唯有胡适给苏雪林留下了深刻的印象。

她没有像其他女同学那样，在胡适等人言论的影响下，取消了旧式的婚约，而是牺牲了纯洁而火热的初恋，听从父母的安排嫁给了与之没有感情的张宝龄。婚后的生活很不幸福，但她仍然十分努力地维持着这段婚姻。

从她对待婚姻的态度而言，是与胡适的思想不谋而合。正如她在给胡适的挽联上所书：提倡新文化，实践旧德行。这说的是胡适，也是她自己。正是这思想深处的不谋而合，促成了对胡适空前的崇拜，并且此情是愈老愈坚固。

虽然她在选择新旧思想上与胡适是保持一致的，但处事的方式大多是感性多于理性。表面上她是选择了父母给定下的婚姻，而在婚姻中她并没有遵循传统道德默默守护家庭，而是用极其感性的态度来处理家庭矛盾，结果导致夫妻关系越来越僵。

据唐德刚说，苏雪林在台湾的家中曾经穷得空空如也，唯有墙上挂着一幅胡适的头像照，十分醒目。

苏雪林对胡适的景仰之情，并没有随着后半生交往的增多而有所减少。她始终对待胡适都是恭恭敬敬的，无论胡适如何教诲都是洗耳恭听。这对于向来倔强的苏雪林来说实属奇事。

1962年2月24日，苏雪林从广播中听到她的老师胡适因心脏病突发而去世，极其震惊。这个消息对她来说实在是太突然了，震惊过后，继而埋头痛哭。

据她后来说，这一生只是痛哭过两次，一次是母亲去世时，再一次就是胡适去世时。

如此的情深意重，想来是升华了的师生情。

第二天，苏雪林就坐车赶往台北哀吊老师，兼瞻仰遗容，并且不住地宽慰胡夫人江冬秀。

胡适下葬完毕，回到台南的苏雪林提笔写下了《冷雨凄风苦大师》，之后将此文收录到《眼泪的海》的集子当中，以此来纪念她最敬爱的老师胡适先生。

挥之不去的倩影

曹诚英档案

字：佩声

乳名：行娟

出生地：安徽省绩溪县归川村

出生日期：1902年4月12日

家人：父亲经商，在武汉开有画馆，经营笔墨字画等，后开有茶叶店，为当地有名的徽商，富甲一方。

母亲为家庭妇女，一手将曹诚英带大。

曹细娟为其同父异母的姐姐，胡适的三嫂，胡思永的母亲。

曹诚克为其二哥，同父同母。早期留美，曾任南开大学教授。

经历：1. 5岁读私塾，18岁就读浙江女子师范学校。

2. 1925年，在东南大学农科毕业。

3. 1931年，毕业于中央大学农学院，后留校任教。

4. 1934年，进美国康奈尔大学农学院，1937年获得遗传育种学硕士后回国。

5. 归国后，分别在安徽大学农学院和复旦大学农学院任教授。

6.1952年，随复旦大学农学院来到沈阳，任新建的沈阳农学院教授。

7.1973年，在家乡患肺癌去世，享年71岁。

在安徽省绩溪县城通往上庄村的路旁，远远即见一座醒目的坟墓。这座坟墓前，绿树成荫，郁郁葱葱，各色花朵静静地开放，映衬着这座坟墓主人的特别之处。待走得近了，能瞧见墓碑上篆刻着"曹诚英先生之墓"。

经常有路过的游客疑惑地询问导游："曹诚英是谁？""为什么将坟墓修建在道路边？"也有细心的游客见到坟墓旁雅静的绿植，便猜想到主人身份的不俗。

是的，这里埋葬的女子确非俗人。她是中国第一位农学界的女教授，当年培育的高产马铃薯品种，至今仍在东北广泛地种植。而曹诚英教授近些年来逐渐引起大众关注的原因，并非是其学术上的成就，而是来自一个近百年前的情感故事。

正如这埋葬在通往上庄村必经之地路旁的坟墓，曹诚英的心一生只守候着一个人，他就是生于上庄村的胡适先生。

交游广阔的胡适在文化界与政治界都有着极高的声誉，他为人儒雅温和，兼备了西方男士与东方男士的风度，深得女性喜爱。他的一生之中，拥有不少红颜，但是导致胡适向

挥之不去的情影

妻子提出离婚的，只有曹诚英一人。

那是在1923年的夏，杭城。

缘分来得如此奇妙，悄悄的脚步声，谁都没有听到。当情感之花绽放在西湖南山的烟霞洞边，不到百日的甜蜜时光，足够神仙般的眷侣回味一辈子的。下棋，携手散步，看桂花，赏西湖，讲莫泊桑的小故事，甜甜蜜蜜犹如甘饴在心田。

32岁的胡适与21岁的曹诚英，在世外桃源般的烟霞洞畔，度过了彼此都永生难忘的100天……

最是初见的美丽

说起胡适与曹诚英的第一次见面，还是在胡适的婚礼上。

1917年的冬天，不忍让母亲伤心的胡适，从美国归来后，就与大自己一岁的江冬秀成亲。

在婚礼上胡适忙着应付前来捧场的亲友们。

江冬秀的长相平平，气质更是一般，连字都不识得几个。见识颇广的胡适，虽然有些失望，但他是个十分孝顺的人，对待母亲安排的婚姻，虽然心里一百个不愿意，一而再地拖着婚期，但是从未直接拒绝。婚期这一拖就是13年，再也拖不下去，最后只有劝服自己接受。

当时的胡适已经27岁，而新娘子江冬秀，则是28岁的老姑娘了。同龄的小姐妹，子女大多步入学堂。只有她，一直痴痴地等待着远在美国的胡适归来。

江冬秀本无姿色，何况早过了二八年华，看上去更是不美。无论怎么样的锦衣绣服，都遮盖不了暗淡的面容。跨越过大洋，见过世面的胡适，内心深处肯定会有一点点的无奈。

婚礼上胡适无意间一抬眼，忽然发现了伴娘之一，三嫂的亲妹妹曹诚英。

她楚楚可人地站在喧闹的人群之中，尚显稚嫩的双眸，晶莹透亮，滴溜溜地乱转。纤细的身体，看上去似乎还未发育完全，却是那么的美丽动人。

一瞬间，胡适看得呆了。

只见曹诚英轻轻地回首，正瞧见痴痴的胡适目不转睛地望着自己，便是微微地一笑。聪慧的她，见受人敬仰的表哥如此失常的神态，不觉面色淡淡地红了。

而此时，胡适已经急忙将视线收回，转而投入到其他的事物上去，再不敢回头张望。

两人的目光相撞，只是发生在刹那间，再无人知晓，却是在彼此的心头，留下了深深的印痕。

"山风吹乱了窗纸上的印痕，吹不散我心头的人影。"

晚年的胡适，曾在台北的"中央研究院"书房中，悬挂了一幅自己书写的长轴，边上题字为"三十年前的诗句"。而这"三十年前"，指的就是在烟霞洞期间，经历了与曹诚英相处的那些日子后写下的诗句。

挥之不去的倩影

大概这人影直到胡适逝去的那一刻，也未曾从脑海中被吹走，永远地印在了他的心尖。

婚礼上的匆匆一瞥，彼此都留下了深刻的印象。

见惯了外国女孩的开朗大方，大学里女性的独立自主，乡下怯生生的小表妹，倒是更能赢得胡适的青睐。毕竟，他也是受传统文化熏陶的青年，骨子里依然喜欢清秀可人的温良女子。

而在曹诚英的眼里，从美国读书回来的表哥，简直是个传奇。在他还没回来时，名字就在大人们的口里传颂。当年考取的公费留学，曾让整个绩溪县城轰动。回国后，又进了一流的大学担任教授。他站在县城有头有脸的绅士中间侃侃而谈，乡亲中德高望重的绅士对他的话语频频点头赞许。这位戴着一副眼镜、风度翩翩、举止儒雅的表哥，成为了少女曹诚英眼中最为完美的男子。

在这之后，胡适带着江冬秀去了北平，曹诚英经常给胡适写信，例如请教各种问题，请求帮助修改诗歌，甚至是索要花种。在百忙之中，胡适一一地满足了小表妹的要求。抽空与她回信，也许是当时莫大的快乐，忙碌之余的自然放松。

这一刻，于胡适而言，从未有过多走一步的想法。不过是年幼天真的表妹，因着可人惹人爱，多了几分关注而已。于曹诚英而言，高高在上的糜哥可望而不可即，几乎是作为偶像而存在的。

就在胡适结婚的第二年，虚岁17的曹诚英，被迫与打小定亲的上庄富家子弟胡冠英结婚。

这门亲事，曹诚英是十分不情愿的。她与胡冠英毫无感情，性情也不相投。她经常向甚为关心自己的二哥曹诚克抱怨，而曹诚克对包办婚姻深恶痛绝。于是，当他从美国留学归来，很快帮助曹诚英从婆家走出来，到杭州的女子师范大学读书。

都嫁人了还离开婆家外出读书，胡家十分不满。借着曹诚英多年不孕，胡家为胡冠英张罗娶了小妾。

当丈夫纳妾这件事传入曹诚英的耳朵里时，她简直不敢相信。对于一位新式的女子来说，勉强走进包办的婚姻已是十分不易，而今却要与他人共同称一名男子为丈夫，她实在是难以忍受。但是，除了忍气吞声，还能做些什么呢？

幸好有疼爱她的二哥支持。三年后，曹诚英终于脱离了这桩不堪回首的婚姻。伤痕累累地走出来，曹诚英有段时间几乎不敢见人。毕竟，在那个年代里，对于一名女子，离婚是一件多么令人不齿的事。大家可以容忍胡冠英娶妾，却不能容下曹诚英主动提出离婚。

她曾在词中描绘这段时期的感受："镇日闭柴扉，不许闲人到，跣足蓬头任自由。"

"跣足蓬头"，这是一段多么痛苦的日子啊。鲜灵年华的曹诚英，因着离婚的关系，一度将自己深深地埋在紧闭房门的小屋里，不敢见人，整日蓬头垢面，用最消极的方式来逃避现实的残酷。

是胡适，带给她春天般的温情。

这一年，是为1923年的春。胡适与曹诚英便在西湖之

挥之不去的倩影

畔，美丽地再次相遇。

自胡适婚礼时一别，已是多年。胡适再见小表妹，只觉眼前一亮。那个幼稚的娃娃脸，尚显单纯的晶亮眼睛，水汪汪地学会了说话。盈盈不堪一握的腰肢，已是柔软无比，弯腰与行动中，蕴含着女性诱人的魅力。

此时，胡适细细地将她打量一番，惊讶地发现：小表妹长大了。

两人在西湖边的一面后，胡适写下了一首诗。

诗里是这么写的：

　　"十七年梦想的西湖，不能医我的病，反使我的病更厉害了！然而西湖毕竟可爱。轻烟笼着，月光照着，我的心也跟着湖光微荡了。前天，伊也未免太绚烂了！我们只好在船篷阴处偷窥着，不敢正眼看伊了……"

（选自《西湖》）

这首诗写得极为隐晦。如若不是后来得知了胡适与曹诚英的关系就是在这段时间定下的，后人恐怕难以猜出其中的含义。胡适是个极好面子的人，所以不想让外人得知他的情感。而他又是位有着书生意气的文人，情感十分丰富。当遇着向来有好感、正值情感痛苦的小表妹时，情感的闸门瞬间打开，即便是极力压制，也是阻挡不住的。

胡适在杭州待了有五天。这五天，由曹诚英相伴在身旁，时光如箭一般飞快流逝。两人均觉恋恋不舍，不忍道别。

分手后，胡适便写下了上文的《西湖》一诗。

之前，当胡适得知曹诚英离婚时，就曾惆怅地写下一首隐晦的诗歌。

"那一年我回到了山中，无意中寻着了一株梅花树，可惜我不能久住山中，匆匆见了，便匆匆地去。这回我又回到了山中，那梅树已移到人家去了。我好容易寻到了那人家，可怜他已不似当年的曲度了……我不是轻易伤心的人，也不禁为他滴几点眼泪。一半是哀念梅花，一半是怜悯人们的愚昧。"（选自《怨歌》）

熟悉曹诚英的人，都知她在少女时就自喻为"竹梅亭主"，只因家中有一个花台，中间种满了竹子与梅花，而她又对竹梅尤为欣赏。因此，胡适诗中的"梅"，明眼人一看便知，指的是曹诚英。

当时，曹诚英刚刚离婚，被失败的婚姻摧残的她，萎靡不振，落落寡欢，形容消瘦。胡适见了十分心疼。心疼之余，饱含激情的胡适写下了这首《怨歌》。

从暗写梅花实指小表妹这点看，此时的胡适除了有作为表哥的恻隐之心以外，恐怕已经动了凡心，不然就不会如此隐晦地表达对小表妹的同情了。

两人的情感，自此便纠缠在一起，不能分开。

有道是，情感的发生，有着其偶然性，也有其必然性。

1922年，正是胡适跌入低谷的年头。从美国留学归来，

挥之不去的情影

一直走在风口浪尖上的他，向来顺风顺水，却在这一年里，遇到了诸多的困难。年纪尚轻的胡适，即便是再有气度，再有涵养，也难免内心郁闷。于是乎，在1923年的初夏，借着养病这一借口，到杭州小住了一段时间。

正是在这段时间，胡适与曹诚英有了充分的时间近距离接触。

胡适的"廊桥遗梦"

1923年6月，正是江南地区的梅雨季节，空气中荡漾着潮湿而略显闷闷的气息。有位身穿灰色长衫的瘦身男子，戴着一副黑边眼镜，外表儒雅，颇有风度，气质不凡。他拎着一只竹制箱子匆匆地走出了杭州火车站，随之乘上一辆黄包车，向西湖边有名的新新饭店而去。

这位男子就是当时享誉中国的文化名人胡适。

胡适这次前来杭州，是来休假养病的。他自1922年下半年起，就不断地闹小毛病，像是伤风感冒，或是腹泻，还有脚气病，而痔疮犯得极重。这些事很令他苦恼。不知是不是他心烦气躁的缘故，他还怀疑过自己得了糖尿病，最后终于证明是莫须有的毛病，才算是舒了口气。而老毛病痔疮不断地犯，着实令他头疼，因而下定决心，到杭州休养一段时间。

就在胡适到达杭州的这一天，他见到了思慕多时的小表妹。令人奇怪的是，自第二天起，他坚持多年的日记突然间中断了，直到三个月之后，才重新恢复记录日记。

这谜一样的三个月，如同正在飞速行驶的火车，突然间戛然而止。究竟发生了什么事，促使文学大师胡适停下了多年的写日记习惯？

虽然这三个月没有日记留下，却留下了大量的白话诗歌，足足有几十首，而拿出示人的仅有数首。当胡适把写好的《烟霞杂诗》拿给好友徐志摩看时，大情圣徐志摩自然从胡适的脸上读出了异样。徐志摩问他："是不是还有藏起来的？"胡适听了，顿时脸红，道："是有不敢拿出来的。"

据说，胡适曾把这段日子写给曹诚英的诗汇集成一本小诗集，名为《山月集》，只送给了曹诚英，再无旁人读过这些诗歌。而曹诚英病逝后，由汪静之将其一生与胡适往来的书信全部销毁。其中，自然有这本《山月集》。

这日记空白的三个月，到底发生了什么故事？

据汪静之回忆，胡适在到达杭州之后不久，就从新新饭店搬了出来，住进了位于西湖南山的烟霞洞。而曹诚英正在放暑假，为方便给胡适做饭，她也搬进了烟霞洞。一同住进烟霞洞的还有胡适的侄子胡思永。

多谢你能来，

慰我山中寂寞，

挥之不去的情影

伴我看山看月，

过神仙生活。

——《山中日记》

这段胡适笔下的神仙生活，几乎令他忘了山外的世界。他本是风雅之人，怎奈江冬秀却是丝毫不懂风情？初婚时倒还好，有些小小的激情。过了这些年，胡适感到有些腻烦，就在这时，遇到了曹诚英。

读过许多文艺书籍、爱作诗的曹诚英体贴温存，善解人意。有时，仅仅交换的一个眼神，便知晓对方的心意，这些令敏感多情的胡适备感心动。他渴望的终生相伴的伴侣，不就是这个样子吗？如果，如果可以相伴一生，该是多么美妙的事情！

西湖边上的烟霞洞，乃是西湖边最著名的风光之一。尤其是在烟雨蒙蒙的六月间，正值雨季，风景尤为出色。胡适所住的清修寺，位于烟霞洞的南边，是个清静的好去处，极适合休养。

坐在山中，无论是望望挂在树梢皎洁的山月，还是清晨去看从地平线跃然而现的日出；无论是对坐在树下安静地下棋，还是并排站在桂花树下，抬头轻嗅浓浓的桂花香……

胡适深深地陶醉在这美妙的感觉中，那是一生都没有过的滋味。与韦莲司的感情完全不同，韦莲司远比他看得更加明白，那种带着理智的感情，永远都达不到一百度的开水，永远不温不火。也许，正因如此才保持了几十年的联系。而与曹诚英的感情，则是赤赤的火热，烧得旺盛，最终消逝得也快。

爱情的火苗一旦燃烧起来，即便是倍加重视名誉的胡适，也顾不得许多了。他的日记里，连续多日出现了"佩声"的名字，直到后来，干脆直接称作"娟"。这暧昧的称呼，是胡适的情不自禁。

"晚上与佩声下棋。"

"下午我同佩声出门看桂花，过翁家山，山中桂花盛开，香气迎人。我们在一个亭子上坐着喝茶，借了一副棋盘棋子，讲了一个莫泊桑的故事……"

此间的日记，几乎每日都有曹诚英的身影出现。

而远在北平的江冬秀还蒙在鼓里。在来信中提到有表妹曹诚英的照顾，她就放了心，还担心曹诚英的身体弱，怕她劳累，觉得内心很不安，建议最好雇个厨子给他们做饭。她哪里知道，这位表妹此刻幸福极了。

吹不散心头的人影

"多情自古伤离别，更那堪，冷落清秋节。"

挥之不去的情影

曹诚英的学校开学了，虽然她请了一个月的假期，但是不能再拖下去了。10月份的时候，曹诚英搬出了烟霞洞，回到学校上课。此后不久，胡适也离开了杭州。

10月4日，正是曹诚英搬离烟霞洞的日子。那天，胡适在日记里这么写道：

"睡醒时，残月在天，正照在我的头上，时已三点了。这是在烟霞洞看月的末一次了。下弦的残月，光色本惨惨，何况我这三个月中在月光之下过了我一生最快活的日子！今当离别，月又来照我，自此一别，不知何日再继续这三个月的烟霞洞山月的'神仙生活'了！枕上看月徐徐移过屋角，不禁黯然神伤。"

胡适面临着无可奈何的离别，除了深深的酸楚之外，再就是难以言述的惆怅。经此一别，不知何日再相见。所有的离情别绪，被统统地写入诗歌当中。只是很遗憾，对此，胡适小心翼翼地没有公布所有的诗歌，在日记中的表达，已经是直白的极限。

胡适离开杭州，于夜半到达了上海，没待完全安顿好，就给曹诚英去了信。随后在上海停留的数天内，两人来往信件不断。最多的时候，胡适在一天内能收到两封曹诚英寄来的情信。

仅仅分别了十天，忙完了手头的事情，胡适连忙又回到了杭州，与曹诚英相见。这一次，是在胡适居住的新新饭店。为了与胡适相会，曹诚英不惜逃课，整天待在新新旅馆与之相厮守。胡适交游广阔，经常有人来访，曹诚英便躲进里间，甚至是卫生间，待客人离开方才现身。

两人形影不离，周围的亲密朋友们早知他俩的关系。当胡适外出与朋友们吃饭、游玩时，身边都跟着曹诚英。

10月20日，胡适在日记中写了他们与朋友在楼外楼吃饭的情景，其中数次提到了曹诚英，其描述深情款款，爱意频现。

在胡适的笔下，那晚时光是十分美好的。曹诚英贪恋柳梢的月色，嚷着将桌子搬到了窗口。这个"嚷"字，自有恋人之间的娇嗔在其中。别看他们聚在一大群朋友中间，却醉醉地沉迷在两人的爱恋里。那天的日记，除了曹诚英，胡适再没提过别人。只写小表妹喜看柳梢的月色，月光下的湖心亭，还有婉曼的歌声……这些情形，无不令从未真正恋爱过的胡适陶醉。

若说爱，胡适的一生，最为真切的就是与曹诚英的纠葛。与韦莲司的精神恋爱，不是双方有多理智，只因浓度远远达不到的缘故。而与曹诚英，则达到了如醉如痴的地步。之前与之后，胡适再没有体会过如此强烈的爱情。

两人难分难舍。就在胡适前往上海之时，曹诚英也跟了去，继续藏在旅馆里，尽量多得一刻相厮守。

但是，无论有多么难舍难分，终归还是要分离。到了1923年的年底，胡适不得不回到北平的家中。胡适面对感情日渐平淡而麻木的江冬秀，不知怎的越发觉得百无聊赖，很想和她发火，他满脑子都是曹诚英俊俏秀美的身影，挥之不

挥之不去的情影

去。这个家实在是待不下去了。

就这样，回家没有几天，胡适以读书写作需要清静为借口，带着大儿子前往西山的翠微山秘魔崖的刘厚生家借住。

秘魔崖是翠微山的一处天然崖石，那里环境幽雅，少有人烟，是个做学问的好地方。

听着风声、松林声，凝望着青白色的月光，胡适的脑海里满满的都是对曹诚英的相思之情。他又不能对人诉说，只好将情感隐隐地寄予文字之中，写下了散文《暂时的安慰》和诗歌《秘魔崖月夜》。

《秘魔崖月夜》这样写道：

> "依旧是月圆时，依旧是空山静夜。我独自踏月归来，这凄凉如何能解？！翠微山上的一阵松涛，惊破了空山的寂静。山风吹乱了窗纸上的松痕，吹不散我心头的人影。"

在此期间，胡适与曹诚英一直在通信。而为他们送信的，是依然蒙在鼓里的江冬秀。这也是后来得知真相后，江冬秀勃然大怒的原因。这二人将她玩于掌心，当她一次次疲倦地奔走在城里与西山之间，竟是在为丈夫与情人递送信件。这些事可能为她将来破坏曹诚英的婚姻一事埋下了伏笔。

时间久了，加上隐隐听到的一些传闻，聪慧的江冬秀难免有些怀疑。胡适也觉察到江冬秀的情绪变化，连忙回到了城里，并且自己在邮局备了一个信箱，这样就可以第一手收到曹诚英的来信——两人之间来往的信件，信封都是用英文写的。

可是，当胡适备好了信箱，打算长期与曹诚英通信的时候，突然间收不到曹诚英的信了。这个时间长达数月之久。这令胡适坐立不安，茶饭不思。他在日记中写道：

> "这十五日来，烦闷之至，什么事也不能做……提起笔来，一日只写得头二百个字，从来不曾这样懒过，也从来不曾这样没兴致。"

后来，实在忍耐不住，他偷偷地托徐志摩前去寻找曹诚英，却是没有找到。

极度的烦闷之下，胡适停止了坚持多年的记日子的习惯。一直到1925年才恢复。从这一点来看，曹诚英在胡适的心目中有着很重要的位置。他所选择的，一切都是迫不得已的无奈之举。当然，也是性格使然。如胡适，绝对做不出徐志摩那般为了爱情抛弃一切的举动。他是至情之人，却十分懂得克制。

曹诚英藏起来了，她痛苦地将与胡适的爱情结晶打掉。要不然一个单身女子，带着私生子该如何生活？虽然她是走在思想最前沿的知识女性，但仍承受不了抚养私生子所需付出的代价。这其中大概也有为胡适考虑的一点，就是有这么一个私生子，该是对胡适名声多大的损害！

因徐志摩大力鼓励胡适与江冬秀分手，早就将与曹诚英

挥之不去的情影

的事在圈内传了个遍。久之，自然江冬秀多少有了些耳闻。江冬秀是个火辣脾气的人，怎么忍得下这口气。况且胡适自打从杭州回到北平的家里，就成天蔫头耷脑的，呆呆地在书房一坐就是大半天，还时不时傻笑，眼神发直，嘴里不知在念叨着什么。

江冬秀从来没见过胡适这副模样。她借故找茬，谁知向来温和的丈夫，突然间变得尖利，且不耐烦。一日，急了竟然提出了离婚。这还了得，江冬秀怎么都没有料到他竟然会提出离婚！

对于这一段，传说是江冬秀提着菜刀，口称先杀了两个儿子，然后再自杀，胡适被吓得不轻，这一吓，就把离婚的念头吓了回去，再也不敢提了。

胡适被爱情冲昏了头，但没达到完全失去理智的地步。若是江冬秀的反应不如此强烈，他真的就会离婚吗？

倒也未必。再没有谁比江冬秀更了解胡适的个性了，这是个爱名誉甚于生命的男人。始终默默守候着与江冬秀的婚姻，不嫌弃没有文化的小脚妻子，其美名早已传遍了中华大地。而今的他真心想要离婚，付得起其中的代价吗？

或许，胡适能鼓足了勇气向江冬秀提出离婚，相当重要的原因就是曹诚英怀孕了。两个人的爱情结晶，哪里忍心轻易放弃，怎么也得尝试一次吧。这样，即使宽慰不了曹诚英，至少也宽慰了自己的心。

以往的经验告诉我们，男人怕老婆，肯定是与老婆感情不浅。没有感情，何谈"怕"字？胡适没有真的痛下决心离婚，他与江冬秀的婚姻，不是那么脆弱。要知道，即便是与韦莲司来往最为密切之际，在他写给母亲的信中，仍说与江冬秀的婚约不可毁、不必毁、不当毁。作为一名年纪二十有六、见识多广的留学生来说，说下这番话一定是经过深思熟虑的。所以，胡适与江冬秀的婚姻基础十分牢固。而许多的描述中，把江冬秀形容得像个母夜叉一般，胡适在她跟前只有弯腰点头的分儿。事实绝对不是这样的。

正是因为再没有谁比江冬秀更了解胡适的个性，她的所作所为，完全是针对胡适的个性，他越是怕的，她越要做。所以，在胡适提出离婚之际，她不顾场合，故意在家里有客人在场时，与胡适大吵大闹。一次急了，顺手丢出一把裁纸刀，就在胡适的脸旁擦边而过。身旁的人吓得脸都黄了，连忙将两人拉开。

这么闹了几次，胡适彻底老实了。加上拿两个儿子相威胁，此后，胡适再也没有提过"离婚"二字。

江冬秀真是个奇女子，有智慧的女子，最懂胡适的女子，将他的心理摸得透透的。如曹诚英，直到生命逝去，恐怕未必知晓她的"糜哥"没有离婚的真正原因。在她的心目中，对"糜哥"只有崇仰，只有佩服，只有爱慕。他是她的男神，贴心相处百日，远观了一生的男神！

实际上，曹诚英与胡适一开始的交往，就注定了是个悲剧。不知在曹诚英的内心，有过后悔吗？

她可能从未想到过，至爱的"糜哥"根本没有真正想过要离婚。他爱名誉，爱世人眼中"道德楷模"的金字招牌。

挥之不去的情影

"道德楷模"怎么会和结发妻子离婚呢？多少年以来塑造的好形象岂不顿时毁掉？

数月后，胡适终于联系上了曹诚英。

曹诚英发现胡适在满世界找她，又不敢在外人面前表现出来，真的是难受至极，心里却有种淡淡的欢喜。虽然糜哥没有为她离婚，但是在他的心目中，她的地位是无人可以取代的。她一直在糜哥的内心深处，从来没有被遗忘过，糜哥还是爱她的！

曹诚英被这个想法所感动。在与胡适来往的信件中，一声声亲热地呼喊着"糜哥"。"我永远地爱你！"其情感之炽烈的程度，如同初恋的小女生。

见胡适如此爱她，曹诚英心有所动，她相信事情一定还会有转机。

在胡适将写好的《暂时的安慰》以及《秘魔崖月夜》寄给曹诚英后，曹诚英写了一封热烈的回信。

"你的信与你的诗，很使我感动。我恨不得此时身在秘魔崖，与你在艳色的朝阳中对坐。你是太阳性 Solar 的气质，所以不易感受太阴性 Lunar 的情调——悲哀的寂寞是你初度的经验！但如你在空山月色中感受到了暂时悲哀的寂寞；我却是永远地沉浸在寂寞的悲哀里！这不是文字的对仗，这是实在的情况。上帝保佑你'心头的人影'：任风吹也好，月照也好，你已经取得了一个情绪的中心；任热闹也好，冷静也好，你已经有了你灵魂的伴侣！"

　　信件写得情深意浓，由不得胡适看了不心潮澎湃。本就爱得炙热，现实却只能让他不得不压制。当曹诚英热情地回应于他，就算他再有控制力、再内敛，也无法抵御这滔滔洪水一般的爱意。

　　考验胡适的时候到了。

割不断的情线

　　胡适是个具有双重性格的人。实际上，每个人的性格都是复杂的，还会随着生活的变化而改变，以最佳状态保护着自己。他的前半生都在理性与感性的状态中挣扎、徘徊，每一次，都是理性最终战胜了感性。到了思想的成熟阶段，他终于看透了自己，不再挣扎、不再徘徊，对于情感的处理显得十分理性。悄悄地放，果断地收，就是在曹诚英之后，胡适对自我做出的保护。

　　从小母亲对他进行了极为严格的教育，对他的期望是为胡家光宗耀祖，这是寡母一生最为神圣的目标。出于对母亲的忠孝、感恩，胡适的身上有着沉重的压力。就像他在日记中所说，其实他是个很容易堕落的人。曾经有嫖妓、嗜烟、

挥之不去的情影

嗜酒、赌钱等等不良的行为习惯，但最终都克制住了，没有任其发展，就是由于他的控制力极强（而这正是他的学术思想中自由与隐忍的表现）。他有远大的理想和目标，为了实现这个目标，牺牲一切都是值得的。其中，自然包括与曹诚英的情感。

经历过现实生活的几番打击，曾经的激情随着沉重的事实渐渐归于平淡。他对曹诚英依然有爱，这个爱是纯朴真挚的，发自内心深处最单纯的情感。而这份情感的存在是不现实的，无法继续走下去，他的选择只有割舍。

胡适，永远不会像徐志摩一样为了爱情抛舍下一切。他不是爱情至上的人，而是凡事以事业为重。

在这样的情形下，胡适决然地下定决心与曹诚英断绝关系。

而曹诚英并不知道胡适的这番心理变化。她不了解胡适，只觉得他仍然爱她，只要有爱便会一直地爱着他，终究有一天会收获爱情的果实。她以热情的心态期待着这一天的降临。

倒是没有文化的江冬秀，更了解胡适的心情。这点是胡母的功劳。在待嫁的13年期间，胡母细心地调教着江冬秀，努力将她塑造成最完美的妻子。江冬秀是个十分传统的徽州女子，既然母亲为她选定了胡适，她就要一心一意地守候，因此心甘情愿地接受胡母的调教。同时，她又是个知道变通的人，在有着新文化知识的未婚夫跟前，愿意改变自己——比如她在胡适的建议下，放了足。这是惊世骇俗的举动，但她很果断地做了，一切都是因为胡适。

在这场无声的战役中，其中的两个人均做好了充分的思想准备，唯有曹诚英傻傻地认准了有爱便有一切。其实，这三个人之间的战役，早在江冬秀丢出了裁纸刀，提出菜刀，胡适泄了气似的闭嘴再也不敢提离婚，在秘魔崖上写出那些诗句的时候，就已经宣布了结局，输家是曹诚英。

但她不知，仍要执意往前，直到碰得头破血流，也不后悔。从这点上来说，曹诚英是个至纯的女人。她爱上了胡适，注定是场悲剧。

1924年，对于胡适来说是个灰色的一年。唯一的女儿在这一年得了重病，纠缠了一段时间，于1925年去世。侄子思聪也因病仙去，他自己在年初得了一场大病。

因为家中的各项事情，再加上曹诚英无数天联系不上，胡适的情绪很是低落消沉。

这年的秋天，他填了一首《如梦令》。

"月明星稀水浅，到处满藏笑脸。露透枝上花，风吹残叶一片。绵延，绵延，割不断的情线……"

从此之后，胡适与曹诚英的感情算是走到了尽头，虽然也偶尔有所联系，但与之前的热恋情怀相比，是完全不同了。热情渐渐褪去后的胡适，恢复了以往的冷静，而过去的炙热情怀，再也找不回来。他心里明白，那只是一段玫瑰色的梦幻，此生再难有如此单纯而热烈的情感了。

在胡适与曹诚英的信里，他不加掩饰地表达了这个观

挥之不去的情影

点。他奉劝小表妹忘记过去，要多往前看。与胡适近距离地接触过，曹诚英再也无法将身边的男子看上眼。无论他们有多优秀，都无法与心目中的胡适相提并论。她要继续努力地守候下去！

1925年，曹诚英从师范大学毕业了。毕业之前，她给胡适写了一封信：

"我们在这假期中通信，很要留心，你看是吗？不过我知道你是最谨慎而很会写信的，大概不会有什么要紧。我想我这次回家，落脚在自己家里。我所有的东西自当放在身边。就是住处，我自然也以家中为主，往他家也不过偶然的事罢了。你有信可直接寄旺川。我们现在写信都不具名，这更好了。我想人家要拆也不知是你写的。我写给你的呢或由我哥转，或直寄往信箱。要是直接寄信箱，我想你我的名字都不写，那么人家也不知谁写给谁的了；你看对吗？糜哥，在这里让我喊一声亲爱的，以后我将规矩地说话了。糜哥，我爱你，刻骨地爱你！我回家去之后，仍现在一样地爱你，请你放心。冠英决不能使我受什么影响对于你，请你放心！"

此时，曹诚英仍未与胡冠英正式离婚，只是常年分居。但是担心放假后回到家乡，与胡冠英离得近了，胡适会吃醋，便一再地提到不会和他有半点瓜葛。痴恋中的女子，大多如此。

从师范大学出来后，她又报考了东南大学（之后改名为中央大学）读农科。农科是胡适曾经学过的课程，曹诚英选择读农科，自然有一部分是胡适的关系。

1926年和1928年，曾经在胡适去南京之时，与曹诚英会过面。但仅仅是会面，有旁人在场的交谈，他们再没有发生什么。胡适是个有分寸的人，既然做出了决定，就绝不拖泥带水，彬彬有礼地保持距离。即使内心深处，对曹诚英有着深深的留恋。

曹诚英岂不知胡适的心意？她能看懂胡适那一副厚厚的眼镜后面，有一双满含着爱意的眼眸。

1931年的时候，曹诚英从中央大学毕业，留校任教。

她曾专程前往北平探望胡适，赶上他因割盲肠住院。她前去探望的时候，碰巧还遇到了江冬秀。当时，因略感劳累，便在胡适的身旁躺下休息片刻，不想就被江冬秀撞见。她并不害怕，反倒是想看江冬秀如何反应，巴不得江冬秀会如传闻中所说的那样，愤怒地挥着刀向胡适直刺过来，那她一定会勇敢地用自己的身体阻挡住飞来的刀，将胡适拦在其后。多好！

但是，让曹诚英感到沮丧的是，江冬秀只是沉着脸，放下手里的东西，一句话都没有说，转身走了。

倒是胡适，满脸的尴尬与胆怯。看样子，这个"母老虎"还真把糜哥降住了。曹诚英略略有些失望。

1934年，在胡适的推荐下，曹诚英来到了美国的康奈尔大学农学院，继续攻读农学。美国留学的学费是曹诚英

/ 147 /

的哥哥曹诚克出的，而能走进康奈尔大学，完全是托胡适的关系。为此，胡适还专门给韦莲司写信，将曹诚英托付给她。当然，一句也没提自己与曹诚英旧时的关系。

后来，曹诚英还住在了韦莲司的家中。韦莲司对她照顾有加，两人都不知对方与胡适的关系。

在康奈尔大学读书期间，曹诚英结识了一位叫曾景贤的男同学。曾景贤比曹诚英小十岁，接触的时间并不长，就喜欢上了这位浑身上下带着诗意的女子。后来随着交往的增多，慢慢地爱上了她。在一番表白之后，曹诚英很坦然地向他叙述了她与胡适之间的感情。他在惊讶之余，深深地为他们之间的感情所打动。

他这样对曹诚英说：

> "我已决定终身做你的弟弟，因为结婚诚然是不可能。像你一心记着糜哥，一心又舍不得我；在我读了你给糜哥的信（离美时糜哥寄给我的）后，我已决定，我不能强占人家整个的灵魂，不只使你苦恼，而且要对不住糜哥，我不是这样的人。慢说你对我的恩情我不能负你，即使糜哥这次也为我尽了这么多的人力，我又何忍强夺人之所爱。"

这段话是曹诚英写给胡适的信中的，看上去，曹诚英很为这位曾景贤弟弟的爱所得意。她要告诉胡适，她是有人追求的，但是她全不放在眼里。她只爱一个人，就是她的

"糜哥"。

这无非是向胡适表白其执着的情意。

随后，她又在信中写道：

"这世界除了糜哥和曾君，再没有人可以叫我去做他的妻子。我看不起妻子，我不屑做妻子。糜哥，不必说我们是没有结婚的希望；曾君，如我们结婚，他只有痛苦，我何忍爱一个人去害他；我自己婚后的痛苦也如哥哥说的，我已痛苦够了，我怎受得了将来见自己爱的丈夫去找别的女人？曾君，我根本便把他当个小孩子，他的爱我，当时是同情我的痛苦，以后也许是感情的冲动，这是畸形的。我因为他现在的处境太可怜了，我觉得为报恩，我有爱护他的必要，然而等他环境渐好，他的痛苦渐减，我会放弃他去。所以哥哥的反对是过虑，我希望你不会和哥哥一样的误会我！"

在信的结尾签名处，曹诚英细腻地画了一弯月牙。她最知胡适的心意，在那烟霞洞中，二人曾经无数次地坐在弯月之下，举杯对饮，或者填词吟诗……往昔的美好时光，永久地深藏在内心，想来糜哥也是如此。他一定能够会意曹诚英这番心思。

果真如曹诚英所想的吗？

在此期间，胡适曾经数次前往美国。他曾前去绮色佳看

挥之不去的情影

望韦莲司。去之前，胡适给韦莲司写信说不用特意安排和曹诚英相见，他与表妹并不熟悉。

此时的胡适，并不想与曹诚英见面，害怕她身上的那团火烧得太烈，从而伤害了她。既然没有结果，又何苦苦苦纠缠。他所能做的，就是远远地看着她，尽可能多地为她提供帮助，绝对不会再向她走近。虽然他已经无数次或明或暗地向她表示过这个意思，但她始终痴迷。胡适唯有在心底暗暗感叹，离得再远一些。

不是不想爱，而是不能爱。

胡适从绮色佳走了之后，曹诚英无意中从韦莲司的口中得知胡适曾经来过，伤心至极，躲进自己的房间大哭了一场。痛哭之后，上学的路上，淋了一场雨，向来体弱的她，受凉后发了高烧。

她躺在床上直说胡话，什么"糜哥"，什么"月光"，什么"烟霞洞"，什么"桂花树"，等等，在身旁照顾她的韦莲司听出了些名堂。在胡适故意用淡淡的语气说不要安排他与曹诚英相见，他并不怎么和她熟悉时，韦莲司就产生了疑惑。若是不熟悉，怎么会托自己来照顾，说的时候是那么的殷切。韦莲司与胡适相识数十年了，多了解他。这其中是一定有缘故的。

果然，当看到高烧中迷迷糊糊的曹诚英，聪慧的她，什么都明白了。

得知真相后的韦莲司，没有埋怨胡适，也没有因此怠慢了曹诚英，反而待她更好，对病中的曹诚英无比的体贴。很快，曹诚英恢复了健康。

一日，曹诚英心情正好，韦莲司趁机问她与胡适的关系。曹诚英低着头，红着脸将过去的事与韦莲司简单说了一遍。韦莲司听罢轻叹。她没有白对她好，她们都是痴情女子，爱的又是同一人，说起来，这也是缘分。

曹诚英在美国剩下的日子里，韦莲司对她关心备至，两个人相处得非常好，情同姐妹。

1937年，曹诚英获得了遗传育种学硕士，学成后回国，在安徽大学任教。1938年，她又来到了成都，在四川大学农学院的农艺系任教授。她将一腔热血全都投入到科学研究上面。4月份，在给胡适的信中说，她得到了中华教育文化基金会的资助，做了有关棉种细胞和遗传的研究。但是由于受到了战争的影响，无法再做研究。而就在这战时各方面匮乏的情况下，川大农艺系还专门拨给了她500元经费，而其他的三名教授一共才拨给了500，虽然这500元钱就连购买显微镜都不够，但是她依然十分感激学校。

这段时间，胡适在美国担任驻美大使，给她的信件相当得少。曹诚英十分郁闷，导致情绪不佳，极容易发火。

有一次，在美国读书的同学吴素萱在给曹诚英的信中，无意中说起见到了胡适，曹诚英十分恼怒，给胡适写信说：

"糜哥，你要答应我以后不要再和吴素萱、吴健雄接近，除了不得已的表面敷衍之外，否则我是不肯饶你的。糜哥，答应我说'不'！一定答应我！……别人爱

你我管不着，然而若是我的朋友，她们爱你，我真会把她们杀了。"

这位爱得太苦、太过艰难的女子，为了这份感情受尽了烦恼，在极度的相思中，在对爱人的期盼中，想法竟然有些畸形。她不再是从前那个温婉可人的曹诚英了。

而此时，已经经历过与陆小曼、徐芳之间情感纠葛的胡适，在大洋彼岸与恩师杜威的秘书洛维茨来往密切。一日傍晚的约会后，在他的日记中写道："开始了赫贞江畔的第二次相思。"

这篇日记若是被当时的曹诚英读到，不知会怎样的大倒醋水。也或许，会真正地死了心。

而虽然曹诚英没有机会读到胡适的日记，但是当无数的信件寄了去，如同石沉大海一般的杳无音信，她自然是心渐冷了，灰了那片痴痴的情。

第二年，在一次朋友聚会时，曹诚英结识了一位归国留学生。两人一见倾心，很快发展到了谈婚论嫁的地步。

她想将崇拜的穈哥忘记，重新开始崭新的生活。正准备再次踏进婚姻的时候，意外发生了。

谁都没有想到，生活竟是如此的凑巧。

那未婚夫的亲戚在一次打牌中，得知同在一桌打牌的江冬秀是徽州人，便问她是否认识曹诚英。当江冬秀听到曹诚英的名字，得知她就要结婚的消息时，数年前受的怨气顿时升腾起来。于是，她把曹诚英与自己丈夫的过去通通道来，并且添油加醋地编造了一些诋毁曹诚英的内容。那未婚夫的亲戚一听，自然要转述给家人。就这样，一桩很可能十分美好的婚缘就这么给断送了。

未婚夫向曹诚英提出了分手。年纪已是不小、本来十分看好且渴望这段婚姻的曹诚英，经受不起此番打击，一时间情绪相当低落，闹着要去峨眉山出家做尼姑。

远在美国任中国驻美大使的胡适，从吴健雄的信中得知了一切，心中无比的惆怅与心痛。

其实，在曹诚英决定出家之时，曾给远在美国的胡适写过一封没有地址的信。信中除了一首填词之外，什么都没有。

> "孤啼孤啼，倩君西去，为我殷勤传意。道地末路病呻吟，没半点生存活计。忘名忘利，弃家弃职，来到峨眉佛地。慈悲菩萨有心留，却又被恩情牵系。"

曹诚英向胡适表达了"恩情牵系"的心情，却是不敢再对胡适抱有什么幻想。因此，连地址都未留下。

当胡适得知曹诚英欲作尼姑的消息时，怎奈远隔重洋，只能干着急，除了不住地向国内的朋友打探消息，再没有别的办法。

曹诚克得知妹妹情场失意，一时想不开上了峨眉山，忙赶赴峨眉苦劝。曹诚克苦口婆心，以"结婚不成也可独身"这一言论，终于将曹诚英劝下了山。饱经精神折磨的曹诚英下山即大病了一场。她的身体原本就不好，1923年的那次流

挥之不去的情影

产，给身体造成极大的伤害，从此就常年病恹恹的。加上这次尤其伤神，一病之下，竟迟迟不能好转，足足休养了数月之久。

胡适仍在不断地向国内的朋友打探曹诚英的消息。恰逢吴素萱回国，胡适托她带给曹诚英200美金，算是聊表心意。

当曹诚英收到这笔钱时，顿时快活得像个孩子一般，脸上满是青春的光彩。她知道，她的穈哥从来未将她忘记，只是隔断了消息。人活在世间，有万般的无奈，尤其是穈哥的身份。她能够理解！

后来，吴素萱在给胡适的信中道，还是你的魔力够大，顿时改变了她的人生观。我们这些做女朋友的，实在不够资格去安慰她。

吴素萱的话语中，带着浓浓的酸气，这真是值得回味的话语。也怪不得曹诚英多少年都无法将胡适忘怀，要知道，有多少女子将胡适当作男神来看待呀！而她曾经拥有过这位男神，并且至今仍在男神的心目中有着重要的地位，自然是一件欣喜而甜蜜的事情。

1943年，曹诚英托人带给胡适三首词，其笔调依旧寂寞凄凉，一往情深。其中一阕《虞美人》这样写道：

"鱼沉雁断经时久，未悉平安否？万千心事寄无门，此去若能相遇说他听。朱颜青鬓都消改，惟剩痴情在。廿年孤苦月华知，一似栖霞楼外数星时。"

写作这阕《虞美人》为6月19日，恰逢两人相恋已过二十载。此年，曹诚英已然41岁，两鬓已有少许的银丝，却仍是不改少女时期对胡适的一片深情。

　　1949年2月，在胡适前往美国之前，曾在上海与曹诚英有过一面。那是亚东图书馆的老板汪孟邹为胡适送行，请他前去吃徽州饼。因知曹诚英在上海，就遣人将她请来一见。

　　说起这个汪孟邹，当年胡适与曹诚英在一起的时候，他可没少出力。亚东图书馆曾无数次地作为幽会的地点，为他们提供了掩人耳目的场所。就因为这个，江冬秀对汪孟邹十分不满，一次趁胡适没在跟前，借着他拖欠稿费的事，将胡适的稿子投往了商务印书馆。

　　这些都是过眼云烟，陈年旧事。而今眼看着就是生离死别，这一别，大概很难再相见。其实，这是他与她此生的最后一面。

　　汪孟邹走开之后，两人先是默默地相对坐了许久。还是曹诚英先开的口，她轻轻地对胡适说："糜哥，留下来吧，不要跟蒋介石去台湾。"

　　胡适凝望着这位多年的情人，等待了他一生的情人。有万般的话待说出口，却是一句未吐，全都咽了回去。

　　他得顾及面子。

　　此时的胡适早已做好了所有的安排，准备前往美国生活。但他什么都没有对她说，只是笑笑，向她道了别，说声"保重"，然后转身离去。

　　待胡适的身影完全在门前消失，半天，孤单的曹诚英才

挥之不去的倩影

发觉自己不知何时已泪流满面。

望着你回家的路

谁都没有想到，1949年的一别，竟是永别，最后的一面。

1958年胡适来到了台湾，担任"中央研究院"院长一职。在台北办公的书房里，悬挂着一幅由他书写的长轴，上面用胡适惯有的娟秀的笔法写着《秘魔崖月夜》中的一句诗："山风吹乱了窗纸上的印痕，吹不散我心头的人影。"

三十多年了，这人影始终没有被风儿吹散。只是隐藏得更深，在心底最深最深的地方，那儿有个角落始终是属于一个女子的。她就叫曹诚英。

这么说来，曹诚英是幸运还是不幸运？

她得到了男神的心，一辈子，胡适的心里都装着她。曹诚英明白，一直都明白，所以一生都念念不忘。

不管她走到哪里，都将1923年两人在一起时，胡适所写的那些诗歌携带在身边，从不肯放手，这些诗歌再没有谁看到过。那是她生活下去的信念所在。此后的日子里，与胡适无法相见，无法通信，完全断绝了消息。唯有时不时打开那些数十年前的诗歌，回味一下从前的美好时光，才给了她生活下去的勇气。

解放后，曹诚英调往复旦大学教书。不久，随着大学的变迁，来到了沈阳农学院。她用心钻研科学技术，培育的马铃薯产量很高，至今仍在东北大面积地种植。

她在技术上的成就，却填补不了情感上的寂寞。在师生的眼里，她独来独往，过着孤独的生活。

如果不是那场运动，恐怕沈阳农学院的师生们永远不知道这位和蔼亲切的教授，竟然和胡适有着千丝万缕的关系。

在挖出曹诚英历史的同时，把与胡适的那段过去也挖了出来。

当时胡适发表的言论，大陆对他完全是一片批判之声。他留在北京的儿子，即便是声明与父亲断绝了关系，却仍逃不出受批斗、最终上吊自杀的噩运。身为胡适曾经的情人，自然也是批斗的重要对象。这位为中国农学做出极大贡献，中国的第一位女农学专家，以其苍老的身躯，拄着拐杖，颤颤巍巍地站在台上，一天天地任由他们批斗。

1968年，曹诚英退休后，回到了安徽省绩溪的家中养老。她本来想在家乡寻找一片合适的土地，建一座养猪场和气象站，但最终都没有实现。

她的积蓄颇丰，但自己没有做任何物质上的享受，而是将大部分捐献给了家乡，建桥、修路、购买农业机械设备。给家乡花钱，她是毫不吝啬的。

她的身体一直都不大好。1973年时，因患肺癌离开了人世。那一年，她71岁。

按照曹诚英生前的嘱托，汪静之将她埋在旺川通往上庄

挥之不去的情影

的道路上。

这条路，是上庄通往外界唯一的道路。

想来，她痴痴地暗想：当有一天胡适回到家乡时，能够一眼望到她。或许，那个时候的胡适，会默默地走上前来，在她的墓前献上一束鲜花。

但是，一直到临终那一刻，她根本都不知道：早在11年前，1962年2月，她的糜哥已经先她离开了人世。

临死前，曹诚英嘱托汪静之，将所有与胡适往来的信件与诗歌全部销毁，一件不留。

明明知道这些信件与诗歌作为史料会很珍贵，很多人都奉劝她不要烧毁。但出于尊重死者的意愿，汪静之还是照做了。

从此，胡适写给曹诚英的那些情诗化为灰烬，在人世间永久地消失。

那通往上庄的墓碑，像是在向人们诉说着一对才子佳人凄美的爱情故事。孤独清冷的墓碑前，终年都是芳草萋萋、树木茂盛，一群群七彩的蝴蝶在飞舞。不知胡适的魂魄，可曾回来过？

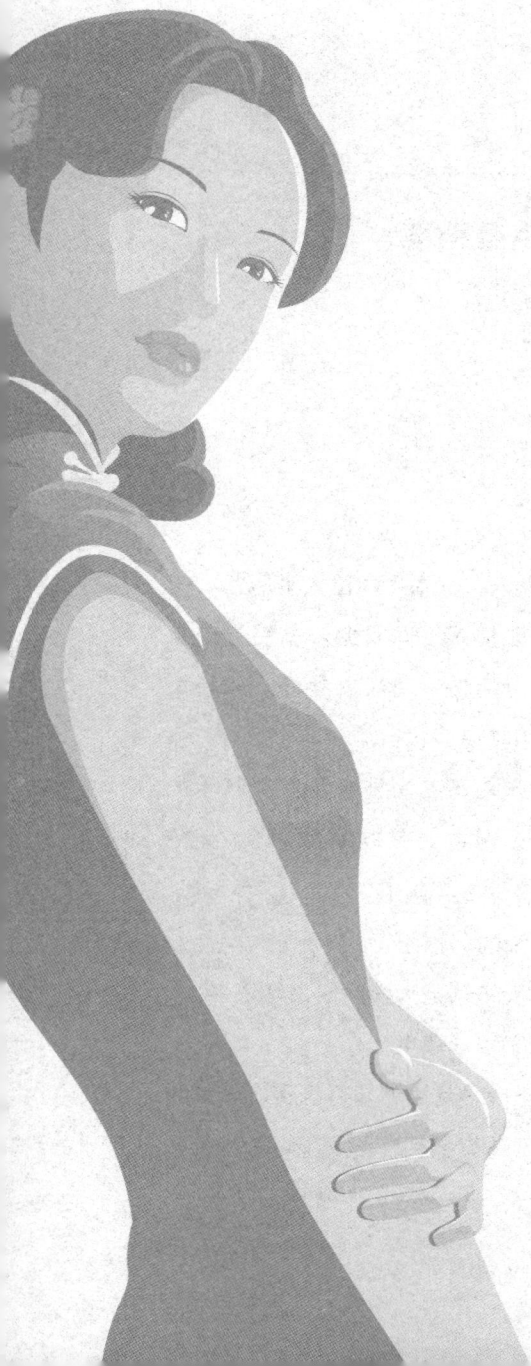

京城那一道亮丽的风景

陆小曼档案

别名： 陆眉、小眉、小龙

笔名： 冷香人、蛮姑

祖籍： 江苏省常州樟村

出生地： 上海市孔家弄

出生日期： 1903年11月7日

家人： 父亲陆定，晚清举人，日本早稻田大学毕业。在日本留学之时，即加入了同盟会。国民党南京政府成立后，先后担任了司长、参任、赋税司长等职。创办了中华储蓄银行。

母亲吴曼华，常州白马三司徒中丞笫吴耔禾的长女。多才多艺，对古文有极深的造诣，尤擅长工笔画，陆小曼深受其影响。

经历： 1.6岁之前，在上海的幼稚园。

2.7岁，来到北京女子师范大学附属小学读书。

3.9岁，在北京女子中学读书。

4.15岁，在北京圣心学堂读书。后经圣心学堂的推荐，到外交部负责接待外国使节，为中外人员做口语翻译，参加外交部举办的各类舞会。18岁时，已是北京社交界的名流。

5.1922年，19岁的陆小曼嫁给了西点军校出身的将军王赓。

6.1925年底，与王赓解除了婚姻关系。

7.1926年，与徐志摩在北京的北海公园举行了婚礼。

8.1931年11月，徐志摩乘坐的飞机失事，身亡。之后的陆小曼一直与翁瑞午同居。翁瑞午的妻子于1952年去世之后，她成为了翁瑞午的正式妻子。

9.1956年，被陈毅安排为上海文史馆馆员。

10.1958年，为上海中国国画院专业画师，加入上海美术协会。

11.1965年4月3日，63岁的陆小曼病逝于上海华东医院。

1925年，正是才子徐志摩与佳人陆小曼疯狂恋爱之际。徐志摩带着满腹的相思还有美人思而不得的无奈，前往欧洲远游。因为他与陆小曼的恋爱弄得满城风雨，也是暂且避一下风头。临走前，徐志摩将陆小曼托付给了胡适。在此间，他与陆小曼的通信，都是由胡适转交的。

与此同时，陆小曼的丈夫王赓也视胡适为谦谦君子，在信中诚恳地感谢胡适对妻子陆小曼的殷殷照顾。

而陆小曼与胡适的通信从未间断过。她在信中嬉笑着说：

"现在大家都知道你是我的先生了，你得至少偶尔教教我，才可以让他们相信你确实是他们心目中想象的先生。"

从这段话中，隐隐看出陆小曼与胡适之间的暧昧之情。

此时的胡适，刚刚与小表妹曹诚英断了关系，只是偶尔通通信而已，满腔的相思之情、寂寞之意全然无处排解。

就在这时，受到王赓与至交徐志摩的托付，频繁地与陆小曼往来。苦闷之中的陆小曼忘不了寻机调情。她与胡适相识已久，与徐志摩的相识，还是胡适介绍的。恰当的时候，遇到恰当的人，两个人就在这层层的复杂关系之中，悄悄地产生了情愫……

陆小曼其人

陆小曼，是由于徐志摩的关系才为现代人熟知的。大家都很熟悉徐志摩与陆小曼之间的爱情故事，他们之间的爱情轰轰烈烈，惊世骇俗，经历过无数的波澜，终究修成了正果。在没有熟悉陆小曼之前，很多人都在猜测和惊奇，到底是什么样的女子，让大诗人徐志摩爱得如醉如痴？

陆小曼出生在一个官宦家庭，父亲在国民党政府担任赋税司司长，母亲多才多艺，古文的功底极深，擅长工笔画。她的父母共生育了九个子女，只有陆小曼活了下来。因此，对她十分娇惯。优越的家境，更让父母精心地栽培她。

十六七岁的陆小曼已经精通英、法两国外语。恰巧外交部总长顾维钧要圣心学堂推荐一名精通英文与法文且才貌出众的女同学去外交部任职，圣心学堂当仁不让地力举了陆小曼。

到了外交部，陆小曼得以完全发挥其特长，如鱼得水。她给外国使节做口语翻译，参加外交部举办的社交舞会，其优雅大方的举止，流利优美的口语，灵活轻盈的舞姿，无不给人们留下深刻的印象。很快，在北平的社交界传遍了陆小曼的名字。

据记载，当年在圣心学堂读书的时候，陆小曼就是校花级别的人物。她每次前去看戏或者去公园游玩，身后经常跟着一大批人抢着为她拎包，拿外套，而她冷若冰霜，对他们毫不在意。

18岁的陆小曼，已经闻名于北平的社交圈。她貌美聪慧，文化底子深厚，写一手漂亮的小楷，擅绘画，还会演戏，这样活泼大方的女孩子，走到哪里都是一道美丽的风景。一时之间，陆小曼的名字闻名京城。

京城那一道亮丽的风景

作为同年代、同在北平为风云人物的胡适，此时不可能不与陆小曼相识。但他们相识于何时，已经无据可考。

若是照着他们的行走轨迹来推断，胡适于1917年学成回国，即被北京大学聘为教授，并在北平停留多年。陆小曼活跃在北平的社交圈子是在1921年左右，此时胡适在学术界的名气已经不小。那时，肯定会有一个相交的点。

按此估计，他们二人的相识大概是在1920年前后。而来往得略微频繁，应该是在陆小曼做了王太太之后。因为陆小曼的丈夫王赓为留美派，因此与胡适来往得频繁，从而与陆小曼熟识。

1923年的年底，刘海粟在北平暂住，胡适与徐志摩等人经常来找他谈天。有一次正闲闲地随意说话，胡适一时兴起，道："有一位王太太，又聪明又漂亮，还善绘画，通英法文，既然来了北平，不去看看她实乃遗憾。"说着，站起身拉着刘海粟就走。

当时，张歆海也坐在跟前。徐志摩便说："走，歆海，我们也见识见识去。"就这样，三个人跟随胡适前去拜访陆小曼，各自怀揣着朝拜一样激动的心情。

之后，刘海粟记下了第一次朝拜社交女王陆小曼的情景。

当女仆将四人前去的消息传了进去，过了一会儿，只见陆小曼慢悠悠地从楼上走了下来，一张清秀的粉脸挂着淡淡的笑意。见到她本人的一刹那，三人均感惊为天人，刘海粟虽也惊诧，反应还算正常。而其他的人如同着了魔一般，有事没事就往陆小曼家里跑。

着了魔的其他人就是张歆海和徐志摩。

陆小曼的日记中说，张歆海只要是一进了她家，坐下来就不再动弹，并且一去就是数个钟头，赖着不肯走。徐志摩更不用说了，简直没陆小曼就活不下去，最终整个人都搭进去了。

当时的胡适与陆小曼的交情不算浅，要不也不会不提前打招呼而出入她家，但是也不会太深，怎么都到不了聊知心话的地步。

1921年的胡适，结婚时间不长，对家里的江冬秀还未有厌倦的心理，还未与一生中最炙热的情人曹诚英在一起。可以这么说，他在情感上稍显稚嫩，大部分时间都用在钻研学问上了。当然，也没少干荒唐事，逛窑子、打牌、跳舞这等事，没少拉朋友们一起去。但是，对陆小曼仅仅是远观，仅仅是欣赏，连暧昧的影子都没有一点。

1923年，这一帮留美的知识分子经常聚在一起谈天、吃饭、作诗，形成了小圈子的沙龙。在徐志摩的提议下，成立了新月诗社。这个诗社是以胡适为领导核心，徐志摩则是其中的灵魂性人物。从此之后，这群人的聚会更加频繁，还有了活动基地。

与徐志摩等人熟悉之后，陆小曼也加入了新月诗社，并且在徐志摩的影响下，开始写日记、写诗，文学上的素养渐渐加深，从而也加深了与徐志摩之间的感情。

不称职的"老师"

徐志摩是个天生的情种，迷上陆小曼之后，深深地不可自拔。但当时的陆小曼还是王赓的妻子，虽然是时代开化了，但对婚外情仍然不能容忍。徐志摩与陆小曼之间的恋情，受到了世俗的指责，京城中的流言蜚语传得沸沸扬扬。顶着巨大的压力，徐志摩渐渐有种透不过气的感觉。

就在这时，徐志摩收到一封来自欧洲的信件。信是由泰戈尔的助手写来的，信中讲泰戈尔在欧洲讲学，因身体欠佳，很盼望徐志摩前去探望。

徐志摩视泰戈尔为偶像，偶像邀请前去相见，自然是不容推却，恰好此时也想躲避一下风头。于是，徐志摩决定前往欧洲，探望泰戈尔兼游学。

临走前，徐志摩把情人陆小曼交给了自己最信任的好朋友——胡适。此后在欧洲时，因为过于思念陆小曼，想让胡适将陆小曼带到欧洲去。他与陆小曼之间的通信，全部投放到胡适的信箱里，由他转交。

徐志摩与胡适属于彼此最好的朋友之一，因此徐志摩会如此地信任胡适，将热恋中的女友托付之。

也是在同一年，胡适与小表妹曹诚英来往得密切，甚至想为了她和江冬秀离婚。离婚不成，最终只好断了关系，胡适曾偷偷地托徐志摩到南方去打听曹诚英的下落。可以这么说，徐志摩与胡适之间，几乎没有什么秘密。托付给胡适，在徐志摩看来是最为稳妥的了。

而同为留美派，陆小曼的丈夫与胡适很是相熟。此时，正巧赶上王赓赶赴南京任督办浙江军务善后公署高级参谋，临行前，也将陆小曼托付给了胡适等人。他在给胡适的信中说：

> "谢谢你们二位种种地方招呼小曼，使我放心得多。这几个月来，小曼得着像你们二位的朋友，受益进步不在少处，又岂但病中招呼而已。她有她的天才，好好培养可以有所造就的。将来她病体复原之后，还得希望你们两位引导她到sweetness and light（蜜与光）的路上去呢。"

从信中可以看出，王赓对妻子陆小曼的殷殷关怀之情，不溢言表，跃然纸上，而由于对胡适等人所怀的真诚的信任，才将娇妻交与他。

然而，认识陆小曼以后，徐志摩与张歆海深深地迷恋上了这位北平城里有名的交际女王，成天惦记着，变着法想主意接近。徐志摩想到的办法就是教陆小曼写日记，怂恿她加

京城那一道亮丽的风景

入新月派。陆小曼婚后一直很寂寞，时间多得没处打发，加上天生就具备深厚的文艺气质，在徐志摩的调教下，进步飞快。而这正是徐志摩的强项，在徐志摩巧妙的攻势下，多情的陆小曼渐渐爱上了这个才子。

相对而言，胡适则显得理智许多。他不是对陆小曼这个尤物不感兴趣——美人谁不爱呢？更何况是他们这帮子爱动情的文人墨客。

但他与徐志摩是完全不同的人。他很现实，是杜威实用主义在中国的推广者。正如他对曹诚英说的那样，"感情只是生活当中的一部分而已"，他是能很理智地处理感情生活的人。所以，面对着别有风情、集美貌与智慧于一身的陆小曼，胡适能做的顶多是欣赏，绝不靠近。

而爱情的产生往往不是谁能意料到的。它可能发生在一瞬间，某一时段，受某一契机的影响。没有谁能预知爱情的降临，也没有谁能控制自身对爱情的渴求。

在徐志摩与王赓不约而同地双双将陆小曼托付给自己最信任的胡适时，此时的胡适，正陷在深深的忧郁之中。

1925年的胡适，于情感上受挫。在杭州的烟霞洞内与小表妹发生了恋情，虽然经过几番挣扎与犹豫，终于鼓起勇气毅然地向江冬秀提出了离婚，但最后还是妥协了，在现实的面前不得不低下头来。他是个爱声誉甚过爱生命的人，既然江冬秀拼了命不同意离婚，也不好做得太绝，最后只好与曹诚英分手。

而在他的心头，实在无法割舍对曹诚英的爱。个中的忧愁、惆怅与痛苦无处倾诉，只有自己在心底悄悄地咀嚼，反复品尝。

此外，就在这一年，唯一的女儿因生病医治不及时，而离开了人世。胡适对此一直深感内疚，如果他多关心关心女儿，就不会耽误治疗，就不会早夭。一年半后的一天，胡适在夜里醒来，泪水浸湿了枕巾——那是在梦里见到了女儿。

1924年，冯玉祥发动政变，将末代皇帝溥仪赶出了紫禁城。胡适对此很不赞成，称应该礼待废帝，不应以强欺弱。既然之前立下了条约，准许溥仪一直住下去，就应该遵守条约。背信弃义是不可容的，为历史上的污点。

胡适的观点发表在1924年11月9日的《晨报》上，随后被中外报刊转载，舆论顿时哗然。胡适几乎遭到了所有朋友的反对，民间声讨他的言论一浪高过一浪，甚至有家团体声称要将胡适赶出北平。外出演讲时，胡适受到了许多的谩骂与指责。

胡适年少得志，历年来声望极高，一直都被众人捧得高高在上的。这次事件，是他有生以来第一次遇到的挫折。虽然仍坚持自己的主张，但内心的苦闷是难以言表的。

内外夹击，种种苦恼缠绕着他。1925年前后的胡适，是个强颜欢笑、将忧愁吞进肚子的男子。历来顺风顺水的他，真的有些难以承受这些沉甸甸的包袱。

京城那一道亮丽的风景

陆小妹软语胡适之

就在这时，因受王赓与徐志摩的重托，与陆小曼走得很近。

陆小曼是个多么冰雪聪明的女子。据说，她的容貌并没有多么出众，是那超群的气质，落落大方的举止，清丽婉约的风情，还有中西文化的交汇，完全在她的身上得以体现。婚后的陆小曼，还多了几分善解人意，温婉细腻。

陆小曼是个好热闹的人。她不可一日不去跳舞场、剧院等游玩的场所。即便这样，回到家中，等待她的是冷冰冰、空荡荡的房间，身旁无人讲些贴心的软语，这是最难以忍受的。

偏巧，知情趣的胡适频频上门，虽然他是带着朋友的嘱托来的，但小曼才不管，她打小任性惯了的。

她的任性一部分是父母惯的，另一部分是爱慕她的男人给惯的。当然，就是这个时候，小曼的身旁也是断然少不了男人的簇拥。但他们都太庸俗，小曼看不上眼。

胡适是其中的佼佼者。从前，他在不远不近的地方站着，算得上是朋友，但绝对不算亲近。而这会儿，来往得多了些，偶尔也会与小曼说说内心的郁闷。

小曼早知他的家中有个没有文化的江冬秀，又刚刚咬着牙断了与小表妹曹诚英的恋情，此时的胡适该有多么的脆弱啊。于是乎，两颗缺少温暖的心，逐渐地靠近，再靠近……

胡适多愁善感，但处事多理性，尤其是处理感情。这一点，小曼不可能不知道。他绝对不会为了感情做出背叛朋友的事情。

所以，为了排解寂寞，她只与他调情。小曼的魅力，有哪个男人可以抵挡得住吗？

之前的胡适，不能说对陆小曼没有意思。但他从来不是主动的人，对方不靠近，他绝对不会轻易迈出第一步，无论内心有多么的渴望。他好面子，不会做出有失体面的举动。若是被拒绝，该有多失颜面。对待感情，他总是能把握恰当的分寸。

不，这么来说陆小曼，大概是有些轻慢。但是，若是出自内心真实的感受，一位带着文艺腔，同时又深受徐志摩感染的女子，做这一切一点儿都不过分，倒是理所当然的。

一位情感丰富的女子，遇到了风度翩翩、向来对女性照顾有加、非常体贴的胡适，怎么可能不深陷进情感的旋涡？

恰当的时候，遇到恰当的人。

胡适与陆小曼，就这么相遇了。

1925年，陆小曼给胡适写英文信。

之所以用英文写信，不是她矫情，故意在胡大才子跟前炫耀那一笔熟练的英文。相反，她在信中还特意惭愧地说，自己是匆匆写就的"破英文"。

那么，陆小曼为什么用英文给胡适写信呢？

原因很简单，是为了躲避胡适家中的江冬秀。

京城那一道亮丽的风景

在与胡适产生暧昧情感之前，陆小曼与之做了多年的朋友，自然熟知他的家庭情况，更知道不久之前，因为胡适的风流韵事，江冬秀还动了刀子。一把剪刀掷出去，从胡适的耳边擦过，吓坏了在场所有的人。陆小曼可不想尝试剪刀从耳边擦过的感觉，她也从来没想过会与胡适发展到多撕心裂肺的程度。他们之间彼此清楚：小曼有徐志摩，胡适抛不开江冬秀。所以，好感再是浓烈，顶多也只是暧昧一下而已，再不能往前多走一步。

1925年6月，陆小曼给胡适的信是这么写的：

"我最亲亲的朋友，这几天我很担心你。你真的不再来了吗？我希望不是，因为我知道我是不会依你的。热得很，什么事都做不了，只希望你很快地来看我。别太认真，人生苦短，及时行乐吧。最重要的，我求求你为了你自己，不要再喝了。就答应我这一件事，好吗？你为什么不写信给我呢？我还在等着呢！而且你也没有给我电话。我今天不出去了，也许会接到你的电话。明天再给你写信。眉娘。"

看看，这个时候陆小曼对胡适的称呼已经是"我最亲亲的朋友"了。这个称呼，不知王赓知否？徐志摩知否？江冬秀知否？除了胡适以外的人，知否？

只是数天没有去看望她，就很担心，那么爱热闹的女子，竟然肯不出门，就是为了等他的一个电话。这样的情感，不能说是不深。而在信中，也赤裸裸地表明了自己的立场，"别太认真，人生苦短，及时行乐吧"。

这是对向来慢吞吞，过于矜持，又缺乏火一样热情的男子的大胆鼓励：你依旧是你，我依旧是我，彼此之间，毫无牵挂。照徐志摩的诗中写的那样：

"你我相逢在黑暗的海上，你有你的，我有我的方向，你记得也好，最好忘掉，在这交会时互放的光亮！"（出自《偶然》）

徐志摩的这首小诗写于1926年，陆小曼与胡适暧昧的这会儿，这首诗还没诞生呢。但在陆小曼的心里，就存在着这样的思想。不能说这不是陆小曼与徐志摩相契的一个点。

而陆小曼与胡适永远都只是暧昧，顶多只是暧昧罢了。陆小曼这样浪漫的女子，胡适这样理性的男子，若是心生爱慕，发展到暧昧这一步，估计也再难以朝前发展的。

既然小曼直白地劝胡适要及时行乐，不用对彼此的感情太过认真，那么，作为一个男人，面对着陆小曼这样的尤物，还有什么理由不接近呢？

信中还提到这段时期的胡适嗜酒不断。是的，事业与感情生活的不顺，导致胡适陷入了低沉的状态中，经常以酒排解内心的苦闷。陆小曼的温情关怀，自然而及时地抚慰着胡适感伤的内心。这个慢热型的男子，在一点点地向陆小曼的心贴近。

京城那一道亮丽的风景

"我最亲亲的朋友：我终于还是破戒写信给你了！已经整整五天没有见到你了，两天没有音信了。你怎么发烧了？难道你又不小心感冒了？今天体温多少？我真是焦急，真希望我能这就去看你。真可惜我不可能去看你。我真真很不开心。请你一定要好好照顾自己。现在要换成我当先生，等你好了以后，我要好好地教训你，如果你再一次不听话，你就等着瞧！你这个淘气的人！我会处罚你，让你尝尝滋味。大爷！你现在做的，是不可工作，不可以用脑筋，也最好不要看小说，最重要的，是不可烦恼。哦！我现在多么希望能到你的身边，读些神话奇谭让你笑，让你大笑，忘掉这个邪恶的世界。你觉得如果我去看你的时候，她刚好在家会有问题吗？请让我知道！我不敢用中文写，因为我想用英文会比较安全。我的字还像男人写的吧？我想她看到这些又大又丑的字不会起疑心的。祝你飞快康复。你永远的玫瑰（Rose）眉娘"

这封英文信的时间与上一封相差只是数天。在信中，看上去彼此的关系似乎又贴近了一些，信端的结尾自称为"永远的玫瑰"。而字里行间，荡漾的是女人的俏皮、撒娇和诚挚的关爱。对，还有她的体贴。她很想去看望病中的胡适，却怯于"她"的是否接纳；故意用英文写信，故意将字写得粗犷，写得难看，像个男人的字体。这个小女人，处处为胡适着想，体谅他的难处，所要的不过是一点点温情。这一点，胡适完全给得了。

就在陆小曼写给胡适这一封英文信差不多的时候，也就是1925年的6月份，胡适的好朋友，北大的教授，被胡适誉为"四川只手打倒孔家店的老英雄"吴虞在日记中写道：

> "立三约往开明观剧，见须生孟小冬，其拉胡琴人为盖叫天之拉胡琴者，叫座力颇佳。胡适之、卢小妹在楼上作软语，卢即新月社演《春香闹学》扮春香者，唱极佳。"

此中的"卢小妹"即为陆小曼。在徐志摩与王赓的眼中，胡适为陆小曼的老师，而二人却在剧院的包厢内作"软语"，这是为何？

看完前面那两段英文信，自然明了"软语"为何而来了。经过一连串的试探、辗转、黏合，对待情感慢热的胡适，终于肯朝前悄悄地迈出了一步。仅一步，再不肯多。

欢欣之下的陆小曼，便紧紧地把握住机会，清香软语，抚慰他的心。

此刻，是胡适与陆小曼之间感情发展的最高潮，他们都得到了自己想要的东西。失去了曹诚英，胡适伤心不已。不计较将来，只要及时行乐的陆小曼，能给予他脉脉温情的同时，还颇有安全感，就连写信都能考虑到胡适的家庭，尽量不让家中的江冬秀发觉；也不会向他要将来，只是彼此相互取暖，以去寒意。这样的情人，岂不完美至极？

京城那一道亮丽的风景

二人的这段暧昧情感，随着徐志摩的归来，而悄然渐渐消退。

与诗人婚后的时光

游学归来的徐志摩，与陆小曼的感情逐渐加深。诗人火热的情感，感染了多情的陆小曼，为了能和徐志摩在一起，她不惜付出任何代价。

她终于与王赓离了婚，十分不易，付出了很大的代价。

在胡适、刘海粟等朋友的帮助下，徐志摩和陆小曼终于如愿以偿，在北海公园举行了婚礼。

按照徐志摩父亲的要求，是要胡适前去做证婚人的。怎奈就在胡适出门之前，江冬秀当着许多人的面，将徐志摩与陆小曼狠狠地骂了一通，连带着自己的丈夫还有他们的新月社，骂得是狗血喷头，将胡适说得一文不值。

"你们都会写文章，我不会写文章，有一天我要把你们这些人的真实面目写出来，你们都是两个面目的人。"

能和胡适相处一辈子的女人，肯定不简单。江冬秀虽然没有什么文化，却有一双火眼金睛。一句话，道出当时文人的真与伪。她没和他们一起吃吃喝喝，玩玩闹闹，却比谁都了解他们。

江冬秀这么不给胡适以及他的朋友面子，也是有来由的。徐志摩与陆小曼的婚姻，为什么招来她的愤恨？为什么死活不让胡适前去做证婚人？除了徐志摩是抛弃了结发妻子、另寻时尚佳人为伴侣的关系之外，就算她不是很清楚自己的丈夫与陆小曼之间的暧昧之情，但出于女人天生的敏感，恐怕已经察觉到他们之间的不寻常。

胡适想尽办法，终于赶赴了好友的婚礼。到了地点，他取出准备好的礼物，是一幅亲自画的画。画中画的是一把茶壶与一只茶杯。

聪慧的陆小曼看了许久，也没有看明白什么意思。为什么要画一把茶壶与一只茶杯送与新婚的他们？后经徐志摩一阵耳语，终于明白其中的含义。她不禁卧倒在婚床上，哈哈大笑。

一向颇为淑女的陆小曼，就为了一幅胡适送的画，竟丢去了大家闺秀的风致。

只因胡适，他是那么懂小曼的心。

婚后，陆小曼曾对徐志摩说：

"你不是茶壶，是我的牙刷。茶壶是公开使用的，牙刷则是私人用品！"

诗人是多情的，在长久的婚姻生活中，难保不会激情退却，这一把茶壶，另外向其他茶杯里倒水。胡适是过来人，在婚姻里浸了多年，自然熟悉婚姻的缺陷。连他这等自敛之人都

京城那一道亮丽的风景

难以忍受，更何况徐志摩这个活在诗歌中的男人。

他熟知徐志摩，更熟知陆小曼，因此有了这张一把茶壶配一只茶杯的画，其用意是愿他们白头偕老，永不分离。表达的是很常见的祝福，却用的是不同寻常的形式。这就是胡适。想来，为了准备这一份礼物，可谓是绞尽了脑汁吧。

对此，陆小曼十分感激胡适的这番良苦用心！

婚后，陆小曼赠予胡适一张小照。陆小曼坐在书桌前，一手撑着脑袋，一手扶书低首阅读。照片右侧书写：

> "陆小曼与徐志摩结婚后，留单人照一张送老师
> 胡适解嘲。"

这张照片的来意十分可疑。为何为"解嘲"？为何要写上"与徐志摩结婚后，留单人照"？这其中之意，恐怕只有当事者才知晓了。

陆小曼与徐志摩结婚后，与胡适的感情渐渐淡化，几乎没有书信往来。两个人所有的接触，是完全上得了台面的。胡适又有了新的情感，陆小曼则一心一意地与徐志摩过着二人世界。

而美人的人生之路总是坎坷的。陆小曼与王赓离婚之时，她竟然发现自己有孕在身。这事若是让王赓知道，必然是离不成婚。要是让徐志摩知道，又让他为难。反复考虑，权衡之下，小曼咬牙自己独自扛了。私下找了个德国医生做了流产手术。谁知手术很不成功，留下了病根，从此无法生

育，后半生受尽了折磨。用陆小曼的话说，就是"一过夫妻生活就疼痛难忍"。

为了爱情，陆小曼付出的代价可谓是巨大的。更为可悲的是，这代价是难言之隐，只有自己默默地承受，不好告之他人。

结婚后，尚蒙在鼓里的徐志摩曾痴痴地说想要个孩子。陆小曼忍着泪水，苦笑道："你不是有了阿欢么？""那不一样，我想要属于咱们的孩子。"徐志摩犹在痴缠。最后，陆小曼流着眼泪，将最痛苦的事告诉了他。徐志摩先是吃惊，后是感动，更加决心这一生好好地珍惜她。为了可以在一起，陆小曼把半条命都葬送了，而他，为了让妻子过上好的生活，做什么都可以。

任性的陆小曼由于身体不好，经常疼痛，无缘无故地发脾气。徐志摩总是无限度地迁就妻子，哄她，直到她开心起来。

娶到了北平最美丽的女子，徐志摩是从内心深处开心的。但是，现实又不容他不去面对。由于家里不赞成这桩婚事，父亲切断了经济来源，不给他寄钱了。陆小曼是花惯了的，开销极大。为了保证陆小曼以往的生活水准，徐志摩奔波在北平与上海之间，做三所大学的教授。同时又想办法找来当时的名医翁瑞午，为陆小曼做推拿，缓解疼痛。经过翁瑞午的妙手，陆小曼的身体状况果然好了许多。

徐志摩满世界奔波筹家用，陪伴陆小曼的时间渐渐稀少。她是个怕寂寞的女子——从徐志摩前往欧洲游学期间，

京城那一道亮丽的风景

就找了胡适来排遣寂寞，就能够看出这一点。翁瑞午擅推拿，二人又同好戏剧，唱得一口好京戏兼昆曲，与陆小曼很有默契。于是，两个人走得越来越密切。

到后来，在翁瑞午的影响下，陆小曼吸了鸦片。

在陆小曼与翁瑞午走得越来越近乎的时候，许多朋友都在劝告她，离这个人远一些，他会把你带坏的。

这些朋友当中，以胡适的反对最为强烈。

翁瑞午是个什么人？为何受到这么多人的排斥？

其实，他也是贵族名门之后，只是走的是一条与这些知识分子完全不同的路。胡适对他的评价是"一个自负风雅的俗子"。他很聪明，为苦练京戏，曾拿铜钱夹在两膝之间，屈腿走台步，练习了经年，终于习得精湛的技艺。而早在18岁，就以推拿的功夫而名扬京城。他的家产极丰，有的是时间与金钱，戏院、夜总会、赌场、酒店，上海的各种风月场所都是他经常出入的地方。他的个性随和、风趣，出手大方，在欢场很有人缘。

但是这样的人，在胡适等人的眼里，他的生活完全是腐朽消极的，整日听戏，逛戏院，与戏子打情骂俏，不务正业，就是上海滩上的一个风流大少。和他交往过密，只会将陆小曼带往沉沦。

但是，陆小曼不听。徐志摩又不表示反对，拿他们如何？

徐志摩自有他的道理。有了翁瑞午的陪伴，陆小曼极少发脾气了，日子舒心了许多。而徐志摩心里明镜似的，心高的陆小曼怎么可能看上翁瑞午？他比谁都更加了解小曼的心。所以，任凭他们交往，无论有多么近。小曼是需要人陪的，翁瑞午又有这个时间。

翁瑞午本身就吸鸦片，他看到陆小曼发病时疼得很痛苦，便劝其一起吸。陆小曼吸了之后，果然舒服了许多。这便越吸越多，久之逐渐上瘾，戒不掉了。

鸦片中失去了光彩

1931年11月19日，徐志摩搭乘一架邮政飞机前往北京。因当天大雾，飞机师看不清楚路线，便将飞机降低了飞行，谁想在济南的党家庄附近，撞在山头，导致飞机爆炸，飞机上一共三人全部身亡。

此时的陆小曼，在翁瑞午的影响下，加上大烟土的侵蚀，与从前相比完全变了一个人。从前的她，用胡适的话说，"是京城中一道不可不看的风景"；徐志摩说，"她一双眼睛在说话，眼光里漾起心泉的秘密"；刘海粟说她是"一代才女，旷世美人"。

这个众人眼中最有魅力的女人，变得整日不修边幅，甚至数天都不整理一下乱发，一口整齐洁白的牙齿，由于长期吸食鸦片而脱光了，连牙龈都被染成了黑色。她的才华与聪慧，全都消散在鸦片烟里。每日躺在烟榻上，与翁瑞午过着

京城那一道亮丽的风景

昏天黑地的日子。

得知徐志摩的死讯，正在烟榻上吞云吐雾的陆小曼惊呆了。欲哭无泪，有谁知她的心？陆小曼容貌已失，再无亮丽的风采、优雅的气质，但她的内心从来都没有改变过。她依然是深爱着徐志摩的陆小曼！依然是过去那个多情细腻的才女陆小曼！

失去了徐志摩之后的陆小曼性格大变。再也不出入社交场所，不跳舞，不唱戏，只是仍然离不开鸦片。

也许这个时候，鸦片能够带给她更多的慰藉。志摩走了，那个她最爱的男人，最爱她的男人，再也回不来了。那她活着，还有什么意思？

没有了徐志摩的经济支撑，开销极大的陆小曼，很快陷入了难堪之中。万般无奈之时，实在无助的她，给挚友胡适写过数封信，现仅留存六封。

其中一封是这么写的：

"我们虽然近两年来意见有些相左，可是你我之情岂能因细小的误会而有两样么？你知道我的朋友也很少，知己更不必说，我生活上若不得安逸，我又何能静心的工作呢？这是最要紧的事。你岂能不管我？我怕你心肠不能如此之忍吧！"

向来傲慢的陆小曼，写给哪怕是视为知己的胡适，照过去的脾气，怎么都不会这么低低的细语。这短短的话语中，再也找不到从前小曼的影子。即便是不相干的旁人见了，也是不忍。想来对小曼关怀备至，曾经有过一段情感的胡适，读了此信，也是深深的伤悲，难以抑制。

之后不久，另有一信，写得更加温婉，仿佛看到低眉顺眼的陆小曼，轻言轻语地向胡适诉说衷肠。

"我同你两年来未曾有机会谈话，我这两年的环境可说坏到极点，不知道还许说我的不是，我当初本想让你永久的不明了，我还有时恨你虽爱我而不能原谅我的苦衷，与外人一样的来责罚我，可是我现在不能再让你误会我下去了，等你来了可否让我细细地表一表？因为我以后在最寂寞的岁月愿有一两人，能稍微给我些精神上的安慰。"

如果说与翁瑞午的交往是走上堕落的开始，那么徐志摩的突然离世，则是给了她最沉重的打击。无论是在物质还是精神上，都让陆小曼难以承受。从此她断了与从前一干人等的来往。况且，因了翁瑞午，人家也不想与她来往的。任是谁一进屋，见这一对男女斜倚在床榻，慵懒地吞云吐雾，正常一些的人，总是难以看得下去。就是胡适这样的铁杆知己，也渐渐地远离了，早不是一个圈子的人。大家瞧着水葱般的陆小曼，在大好的年华中，一点点地沉沦。尤其是在徐志摩离开之后，她的身上再也找不到一点儿从前的影子了。

京城那一道亮丽的风景

看透了他

对于陆小曼落到如此的田地，胡适还是十分痛心的。他忙里偷闲，特意抽出了一点时间，前去上海探望小曼。

当时，小曼仍住在四明村，徐志摩生前租的房子里。翁瑞午与陆小曼过着不明不白的同居生活。

胡适来到了住处，坐着先是沉默了半晌，最后才说："翁瑞午是个花花公子，挥霍无度，不务正业，他的家中有妻有子，你这么和他一起，算着什么呢？"

陆小曼淡淡地一笑："翁瑞午是个有情有义的男人，他在关键时刻帮助我，不离不弃，我们之间从前是朋友，现在我对他只有感情，没有爱情。要说名分，当年与志摩一起，我又有什么名分？而今我想去坟上看看他，也是不能。"

说着，陆小曼的面颊流下了两行清泪。

见说服不了陆小曼，胡适只有满怀着遗憾默默地走了。数天后，陆小曼接到了胡适的来信。信里提出了三条：一、戒除吸鸦片；二、离开翁瑞午；三、速来南京，由我安排你的生活。

胡适的话是经过一番考虑的。作为他来说，说出如此的话，已是相当不易了。他与陆小曼是什么关系？他来安排生活，怎么安排？养她一辈子？算是什么？如何对妻子交代？这一切的一切，由于是未知的，谁也不好判断。无论如何，眼睁睁地看着陆小曼就这么堕落下去，作为曾经的挚友，称她为"京城一道不可不看的风景"的胡适，怎么能坐视不理？

而这三条，陆小曼一条都做不到。她离不开鸦片，离不开上海，更加离不开翁瑞午。照她的话说，翁瑞午待她是有恩的。她怎能说抛开就抛开了。这么多年来，她早已经习惯了吸食鸦片的生活，上海滩十里洋场的繁华，又岂是南京可以相比的？陆小曼只是希望胡适能帮助帮助她，并没有让他干涉自己的生活，更不需要他来指路。

聪慧的陆小曼更加知道，跟着他去，真的能有好日子过吗？胡适有多懂她，她就有多懂这位老友。

胡适就是胡适，不会因为对陆小曼的同情加上关爱，而改变自己什么。他有自己做人的原则。就像当年一样，他走到一定的地方，绝对不会再多走一步。

1925 年，与陆小曼相互取暖的那些日子，是以陆小曼的让步做前提的。从前，他不会为了曹诚英而毁掉自己的名声，现在，更不会为了早淡化了感情的陆小曼做出更多的让步。

他永远站在原地，只等着对方向自己走来。

胡适提出的三条，有对陆小曼堕落的痛心，更有企图改造她的目的。作为真实的胡适来说，这已经是最大的让步，最完全的仁至义尽。

而陆小曼若是肯听从他的话，那就不是陆小曼了。

当年的陆小曼一身的傲骨。现在依然。

别看她现在落寞，要是肯低眉顺眼的，光是上海滩就有多少人排着队抢着要照顾她。主动写信给胡适，那是他在她心目中有着一定的地位，与旁人是有区别的。

而胡适让她失望了。到这时，陆小曼终于看清了胡适，不再存有任何的幻想。他对她的爱是有条件的。从前是，现在亦然。

啊，陆小曼回忆起当年的胡适。若不是自己在信中说"别太认真，人生苦短，及时行乐"，那么还会有当初暧昧的一段感情吗？

真正对她好的人，已在九泉之下，给予她足够的宽容，为了她可以做任何事情，同时做三份工作，只为了养活得起她陆小曼。对，还有一个男人，也对她如此痴情。那就是胡适坚决反对、执意让她离开的——翁瑞午。

翁瑞午是不务正业，花花公子，特别的世俗。但是，他肯为了供给陆小曼吸大烟，变卖掉自己的收藏以及家产。他有情有意，无论在任何时候，都没有背弃过陆小曼。而陆小曼没有给过他一句承诺。如果说两个人真正地在一起，那也是在徐志摩去世后的很久很久以后，大概也是陆小曼觉得内疚的缘故。

他们之间是只有感情，但他与陆小曼还有逝去的徐志摩有一点相通，那就是都是性情中人。

而胡适，他真的没有。

无论对谁，胡适的爱都是有条件的。他爱一个人，欣赏一个人，会保持着恰当的距离。他对女性彬彬有礼，不会主动去招惹。他爱上了谁，只会微笑着远远地望着她。如果她主动靠近，他也会对她说明白。如果胡适是火，接近他的女性就是飞蛾，明知道扑向的是火，却依然义无反顾。

经历过无数的陆小曼不是飞蛾，没有再次扑向胡适，从此断了与他的联系，余生再没有来往。

她最终选择留在了翁瑞午的身边。这个男人，果真没有辜负她，一直陪伴到老。临死前，还托付友人，要代自己悉心照顾陆小曼。

陆小曼太过性情，对感情过于痴迷。但是，她有眼光，从没有看错身边的男人。

1965年4月3日，一代名花陆小曼病逝于上海华东医院，享年63岁。最后陪伴在她身边的人只有侄女陆宗麟、好友赵清阁等人。灵堂上只有一幅挽联，是王亦令拟撰，乐宣书写的：

"推心唯赤诚，人世常留遗惠在；出笔多高致，一生半累烟云中！"

而袁枚在《随园诗话》中的一句诗，更能精确地总结陆小曼的一生：

"美人自古如名将，不许人间见白头。"

京城那一道亮丽的风景

/ 187 /

言说不尽的师生情

徐芳档案

字：舟生

出生地：江苏省无锡市郊区

出生日期：1921年10月5日

家人：曾祖父徐寿，晚清著名科学家、造船工程师、翻译家、中国近代化学的启蒙者。晚年进行过翻译工作，创建了书院。

父亲徐尚武，研究安全火药，著有《徐氏火药学》。

丈夫为左联作家殷夫的哥哥，民国二级陆军上将、国防部次长、军事理论家，著有多部军事著作。

经历：1.先后就读于北平第三十六小学、第十八小学。

2.就读北平私立的适存中学与北平市立第一女子中学，及北平女子师范大学预科。

3.1931年，考入了北京大学中国文学系，读现代文学。

4.1935年，北京大学毕业后，分配至天津南开中学任教员。不久后，被胡适召回，聘为北京大学文科研究所的助理员。

5.1936年，在胡适的推举下，任《歌谣周刊》主编一职。

6.1938年，在武汉的汉口艺术研究会写稿。次年，转去昆明的云南大学任教。

7.1940年，经孔祥熙推荐，到重庆的中国农民银行任文书。

8.1943年，与国民党陆军上将徐培根结婚，婚后淡出文坛。抗战胜利后，在南京农民银行任经济研究处的研究员。

9.1949年，随丈夫迁往台湾，至今。

1962年10月15日，是中国现代著名的学者、文学先锋胡适的葬礼。葬礼十分隆重，棺木上覆盖着北大的旗帜，有一百多个团体，三十多万民众前去送殡。葬礼上各路政治文化名人云集，蒋介石也送上挽联，上书"新文化中旧道德的楷模，旧伦理中新思想的师表"。

就在这场惊动华人的葬礼上，有一位哭成泪人的妇人。她看上去有五十岁左右，保养得极好，又极有风度。即便是哭得满面泪痕，仍不失大家闺秀的端庄。

这位妇人，就是在20世纪30年代为胡适学生的女诗人徐

言说不尽的师生情

芳。在近年对胡适的研究中，发现他们师生之间曾经有过一段情感。

才华出众的女学生

徐芳出生在美丽的江南水乡无锡。她的曾祖父徐寿曾是近代历史上有名的科学家，祖父以及伯父和父亲都是从事的科学工作，且取得了巨大的成就。

在这样的家庭里，徐芳的家教很严，且所受到的教育走在大部分家庭的前列。很小的时候，徐芳就被家里送到北平的小学读书，一直读到了中学乃至大学，上的是国内最好的北京大学，读的是现代文学。

据大学时的同班同学张中行回忆，当时班级里只有两名女生，活泼漂亮的徐芳是众多人的追求对象，十分耀眼瞩目。而同学四年，张中行都未曾与徐芳说上一句话。在张中行的印象里，徐芳

"身材中等以上，白净，有点风流成分……毕业以后呢，没见过一次面，稍有所知，都是听来的。较早是抗战初期，有人在什么宴会上见到徐芳，颇出风头。后来像是还到了台湾。生活总是在高层次飘，至于详情，

因为消息零碎，就难得连缀起来。现在还健在吗？在哪里呢？不知道。"（摘自张中行著《流年碎影》）

上三年级的时候，这位备受命运娇宠的徐芳同学，遇到了终生都无法忘却的师长胡适。

1932年，胡适担任了北大文学院院长及中文系主任。第二年，三年级的徐芳开始听胡适的课。

从小就阅读过胡适作品的徐芳，自从认识儒雅且有风度的胡适，其举手投足之间充满了中年男人的魅力与深厚文化沉淀的气质，顿时一下子被深深地迷住。在她的眼中，其他男子视同无物——当然，被胡适迷住的少女少妇不算少数，据说胡适家中的情信曾经堆得没地方放。虽然胡适风流多情，但要是没点文化素养的，还是无缘与他接近。

而这位徐芳同学不仅貌美多情，还极大方，更重要的是写得一手好诗。胡适一直倡导推广白话新诗，徐芳的新诗写得很好，仅这一点就深得胡适的欢心，不免对这位女学生另眼相看。

徐芳很有才华，不仅写新诗，还写过独幕剧。1934年《学文》第2期上刊登了她写的独幕剧《李莉莉》，后来还在1936年11月16日天津的《国闻周报》上发表了独幕剧《罪》。

《学文》是当时文学水平极高的杂志之一，作为仍在大学读书的女生而言，能在此刊发表文章实属不易。当然，最能显露徐芳才华的还是新诗。据统计，徐芳写了大概有一百多首新诗，当时发表的仅有二十多首。她的新诗尤以给胡适

言说不尽的师生情

写的情诗为上，情挚意重，热情奔放，怪不得活了半生，见识过不同性格女子的胡适招架不住。

徐芳的毕业论文是由胡适指导的。论文完成后，她订成了一本书，将之呈给胡适阅读。她的论文写的是《中国新诗史》。这个话题正是胡适所推广的，因此当胡适将论文拿到手里，还未阅读，就对徐芳增添了无尽的好感。

显然，徐芳在《中国新诗史》上很是下了功夫的。她写得相当细腻，从1917年到1935年之间，将新诗的发展划分为三个时期，几乎所有的诗人都在其中，就连尊师胡适也评论了，评论客观、准确而到位。当谈到胡适，她直率地说："胡适的白话诗未脱文言那一套，好像缠过足后来放开的妇人。但由于是头一个提倡放脚的人，对于后来的影响是深而广的。"

对于这个评价，胡适作为第一位读者阅读到此时，不知是何心情，欣喜？客观且准确的评论可嘉。意外？敢于评论当时文化界名人同时又为师辈的勇气可赞。胡适当时的心情不得而知。而根据史料记载，在徐芳就要大学毕业的1935年到1936年间，与胡适的关系愈加亲密。徐芳还发表了大量的诗歌，刊登在全国各大杂志和报纸上。

此时的徐芳，作为一名女诗人，已经为文化圈所认识。施蛰存、吴宓等人的书中、日记中，都提到过这位新晋女诗人。

在《中国新诗史》中，徐芳提到最喜欢胡适在1920年的南京玄武湖畔写的诗《湖上》，认为此诗全然脱去文言的痕迹，完全是白话，且文意优美，耐人寻味。

"水上一个萤火，水里一个萤火，平排着，轻轻地，打我们的船边飞过，他们俩儿越飞越近，渐渐地并作了一个。"（胡适《湖上》）

　　徐芳喜欢这首诗，大概也是欣赏其中的意境。这个时候的徐芳，已经对导师胡适的崇敬之中多了几分爱慕。那份情感犹如点点的萤火，在徐芳的心头升起，渐渐地化为一团炙热的火苗。

　　热情大方的徐芳主动对胡适展开了攻势。当然，一定是有胡适温和的笑脸做鼓励的。当时的胡适47岁，人至中年的恐惧与困惑，胡适自然也是有的，新鲜的少女像是和煦而甜蜜的春风，吸引着胡适的视线。

　　1935年，徐芳从北京大学毕业后，被分配到天津的南开中学做教员。但是，不久即被胡适召回，到母校的文学研究所任助理员，主要负责为胡适整理文稿。

　　自胡适读过徐芳的毕业论文《中国新诗史》之后，师生之间的交流频繁。大概胡适已离不开这位敢说敢做的女生，分别的日子不多，就急忙将她调遣到身边。

　　就在这一年，徐芳写了大量的新诗，在文艺圈产生了一些影响，有不少人都知道她的名字，又知是胡适最欣赏的学生，一时间名气大增。

难忘的上海之夜

1936年1月5日，胡适的至交丁文江去世。胡适忙着处理后事，由北到南奔波，辗转到达了上海。而此时，徐芳也正在上海。在这个寒冷的冬日里，胡适与徐芳的心中却是暖融融的春季。

1月22日，两人在沧州饭店相见，到百乐门听听音乐、喝喝酒，快乐极了。当天的日记中，胡适写道：

"徐芳女士来谈，她写了几首新诗给我看，我最喜欢她的《车中》一首。"

"橘子皮扔出去，残了的玫瑰扔出去。南行的火车在赶行程，我闭眼坐在车里，什么都不看，什么都不想，只想得一会儿安静，但我掂着一个人，他使我的心不定。青的山，绿的水，都被我丢尽。我也想把他往外一扔，但我怎么舍得扔！但我怎么舍得扔！"（徐芳《车中》）

此诗之中含着少女的俏皮，含着思春的浓情，其中的"他"，指的自然就是胡适。少女的心中，已经丢不开爱慕着的胡教授。

第二天，胡适回《无题》诗一首。

　　"寻遍了车中，只不见他踪迹。今日清谈高会，总空虚孤寂。明知他是不曾来——不曾来最好。我也清闲自在，免得为他烦恼。"

这首诗回得巧妙，既远又近的距离，拿捏得好极了。讲正人君子般的他，以徐芳的口气说着"不曾来，不曾来，不曾来最好。我也清闲自在，免得为他烦恼"。貌似推却着徐芳的表白，实则又露着明显的喜欢。

另外，他的诗却叫《无题》。因着李义山的关系，《无题》诗几乎成了情诗的代称，难道白话诗祖胡适不知晓？

师生俩一吟一和，情感渐生亲密。胡适的日记，非常奇怪地在1月23日到2月20日之间没有记录。按照胡适的习惯，多是发生恋情或者情绪低落之时，才有日记空白的日子出现。而在这段日子，大概是前者的可能性居多。

相聚再是美好，终要别离。

1月30日，胡适离开了上海，与徐芳恋恋不舍地惜别。

当有了进一步的发展，痴情的徐芳想要得到更多，她写了一首《无题》。

　　"她要一首美丽的情诗，那歌是从她的心里写出，可以给他永久吟哦。他不给，她感到无限寂寞。她说

言说不尽的师生情

'明儿我唱一首给你，你和也不和？'"

这等于是给胡适出了道难题。球扔过来了，你接是不接？

这道题，在十几年前，胡适就做过N次。到了年近半百的年纪，早没了年少的冲动，应答起来更是得心应手。早从一开始，他即表明了心迹。他的爱，是在有理智的前提下发生的，必然不能触碰现有的生活。名望与地位，都是无法逾越的高山。年轻的时候，没有越过去。到了半百的年纪，连尝试一番的念头都未曾有过。

在徐芳数番的娇嗔攻击下，胡适不得不回应。当然也是情动了，技痒了，愿意与这位女弟子逗一逗。于是，便和一首《扔了》。

"烦恼竟难逃——还是爱他不爱？两鬓疏疏白发，担不了相思新债。低声下气去求他，求他扔了我，他说'我唱我的歌，管你和不和！'"（胡适《扔了》）

胡适是矛盾的。

不久之后，即送与徐芳一枚相思豆。这其中之意，不予言表。

收到相思豆后，徐芳喜出望外，心弦被这颗赤红的相思豆轻轻地拨开，如初春窗外连绵的雨丝，细细密密地滴落……

有诗为证。

"他送我一颗相思子，我把它放在案头。娘问：'是
谁给你的相思豆？'我答是：'枝上采下的樱桃红得
真透。'"

　　六天后，仍陷在激动的余波中，徐芳又就相思豆写了一
首诗。

　　"相思红豆他送来，相思树儿心里栽；三年相思不
嫌苦，一心想要好花开。"

　　真是一颗红豆至，引得诗兴大发，春情满溢。

　　1936年5月16日，在北大文学院举办的"风谣学会"上，
该会推选了胡适任主席，并且决定出版《歌谣月刊》。胡适
便任命徐芳为《歌谣月刊》的主编。

　　在胡适的引领下，徐芳进入了文学圈子。在一些文化沙
龙中，经常都有徐芳的身影出现。这段时间，有数位著名学
者的日记中，都出现了徐芳的名字。她与当时红极一时的诗
人作家坐在一起，在众人的眼里，徐芳俨然是一颗冉冉升起
的新星，当季最红的女诗人。

　　而徐芳志不在成为赫赫有名的女诗人，她最在乎的自然
是胡教授。在给胡适的信中，亲昵地称他为"美先生"，而
她自称"你的孩子"，"美先生"是她"最爱的人"。她大
胆地表露自己的心迹，向老师敞开自己的心怀。而他就是不
来，就是不来。

言说不尽的师生情

面对正值风华的徐芳的大胆追求，年近半百的胡适不可能不心动。但他向来都是个含蓄的男人，到了中年，更是稳重有加。对待徐芳的热烈追求，最为心动之时，就是随信寄上的那枚小小的相思豆。爱着，惦记着，相思着，同时他写给徐芳的诗，却是这么说的。

　　　　无心肝的月亮照着沟渠，

　　　　也照着西山山顶。

　　　　他照着飘摇的杨柳条，

　　　　也照着瞌睡的'铺地锦'。

　　　　他不懂得你的喜欢，

　　　　他也听不见你的长叹。

　　　　孩子，他也不能为你勾留，

　　　　虽然有时候他也吻着你的媚眼。

　　　　孩子，你要可怜他——

　　　　可怜他跳不出他的轨道。

　　　　你也应该学学他，

　　　　看他无牵无挂的多么好！

　　　　　　　　——胡适《无心肝的月亮》

　　这就是胡适的心迹。一边送给女学生一枚相思豆，隔了不久又写了这样的诗送与她。教她像自己一样，无牵无挂，不要一味地扎到情感深处中去。

　　他说得容易，徐芳一个情窦初开的小女生，哪里抵挡得了他忽远忽近的玩味。而那个时代的女子，就算是接受了高等教育，还是必须要一个名分的。

就这样，徐芳不停地追问，胡适机敏地躲藏着，依靠着新鲜感，勉强维持着这段感情。

就在胡适写给徐芳《无心肝的月亮》的前几天，徐芳在给胡适的信中，附带着一首诗。诗里是这么写的：

> 和你一块听的音乐特别美，
> 和你一块喝的酒也容易醉。
> 你也许忘了那些歌舞，那一杯酒，
> 但我至今还记得那晚夜色的妩媚！
> 今夜我独自来领略这琴调的悠扬，
> 每一个音符都惹得我去回想。
> 对着人们的酡颜，我也作了微笑，
> 谁又理会得我心头是萦满了怅惘！
>
> ——徐芳《无题诗》

这是一首很有意境的白话诗，徐芳的才华得到了展现，看得出徐芳用情之真、之深、之挚！

几天后的信中，徐芳这样写道：

"我从来没有对人用过情。我真珍惜我的情（为了这个，我也不知招了多少人的怨恨）。如今我对一个我最崇拜的人动了情，我把所有的爱都给他。即使他不理

言说不尽的师生情

会，我也不信那是枉用了情。"

6月份的时候，徐芳来到了北平，到胡适的住所米粮库胡同拜访他。仅仅待了十几分钟，而在之后的信中，徐芳表示："这十几分钟过得太甜了。"

7月4日，胡适打电话给徐芳，说他会在11号前后到达上海，然后从那里前去美国参加太平洋国际学会的年会。徐芳自然不会错过见他的机会，便前去送行，但是等来等去就是等不到胡适的身影。

3天后，胡适在美国收到了徐芳的来信，信里说：

> "我本想等见着你了你再走，但是在船上待得愈久就愈伤心，见了你的面，一定要大哭。那时候招得亲友笑我，还要害得你难过。"

而胡适并未回信，没有任何表示。

7月20日，徐芳回到了无锡老家。两天之后，她在给胡适的信中说：

> "到了这里，我头一封信就是写给你的。我要这封信写好，才给双亲写信。要是妈妈知道了，一定要说这个女儿要不得。但是，现在我是爱你，甚于爱我的爸爸和妈妈呢。"

赤裸裸的告白，热情的语言，不知止于礼的胡适看了作何感想?

8月21日的深夜，月光静静地照着江南水乡的这座院落。徐芳独自在家中的院子里走来走去，边走，边下意识地摘下园中的花朵，晚香玉，夜来香，大朵的牡丹，香气浓郁的茉莉花……摘了一大堆，丢在跟前，待她从愣神中回过味来，竟然不知什么时候，她将花朵摆成了“我爱你”的英文字母。

多么痴情的女孩子啊!

就在当晚，徐芳将这段美丽的故事写进了信中。信里还附带着一张照片，照片的后面写着一行娟秀的小字：

“你看，她很远很远地跑来陪你，你喜欢她吗？”

这张照片被胡适远远地从美国带了回来，至今仍保存在北京近史所的胡适的档案里。

在胡适前往美国不到两个月的日子里，徐芳写了十几封信。而一直到了8月27日，徐芳才收到胡适从美国寄来的第一封信，信中有一首写于7月16日的新诗《车中望富士山》，

“雾鬓云据绝代姿，也能妖艳也能奇。忽然全被云遮了，待到云开是几时，待到云开是几时！”

当晚，徐芳就提笔回了信。她幽怨地说：

　　"你在百忙之中，还没有忘了写信给我，我快活极了。前些日子，我没有得到你的信儿，我真有点怪你了（我真舍不得怪你！）。现在我得谢你！你是那么仁慈，你的句子真甜！我看了许多遍，都看迷了。"

　　而对于《车中望富士山》，作为诗人的徐芳，有种细腻的敏感，她看出其中隐射着她与胡适的情感，便质问道："待到云开是几时，这只有你知道！你说！"

　　而胡适就是不说，逼得紧了，加上胡适的生活过于忙碌，两个人在一起相处的时间渐渐稀少，连见一面都很难得，胡适对这位女学生的情感便逐渐地冷淡了。

　　当然，最主要的原因是徐芳的追求过于热烈，他一时之间难以应付，根本不敢接受。他担不起，年轻之时就担不起，更何况人到中年！

　　数月后，胡适回国，面临的是一桩桩令人头痛的事情。先是《独立评论》被停刊，随后发生了七七事变，他再没有心思把精力放在情感上面。

　　1937年的7月27日，正在庐山参加会议的胡适，在给徐芳的信中讲道：

　　"我不曾写信给你，实在是因为在这种恶劣的消息里，我们在山的人都没有心绪想到私人的事。我在山十五六天，至今没有出去游过一次山！每天只是见客，谈天，谈天……只有一次我写了一首小诗。其中第五六

行，似尚有点新鲜，所以我寄给你看看，请你这位诗人
指教。我明日飞京，小住即北归。"

感情这物，是越处越深的。禁不起淡，禁不起放。一旦
放了，淡了，那自然会是渐渐地疏远。

胡适与徐芳亦然。

在徐芳的世界里，胡适是个完美的男子，身上具备她对
男子的一切幻想。所以，在她的想象里，哪怕与胡适相隔极
远，仍有着甜蜜的冲动。

而在胡适的世界里，徐芳不过是个小小的点，一个停留
的驿站。他养足了精神，便又前行，前方的路途还有许多的
风景等待着他观赏。他的世界很宽、很广，他见识过的女子
风采多样。徐芳是值得他顿足欣赏的，但仅仅限于顿足而
已。歇息够了，他就又要出发了。

此后的胡适，与徐芳渐行渐远。

1938年，胡适被委派到美国任驻美大使。

1938年的1月30日，徐芳在给胡适的信中说：

"无论如何，我是爱你的。什么都可以变，只有我
爱你的心是不变的。"

这段时间，徐芳寄给胡适的信有七八封，而胡适一封也
没有回。因此，她不免在信中埋怨道：

言说不尽的师生情

"你这人待我是太冷淡，冷得我不能忍受。我有时恨你，怨你；但到末了还是爱你。"

哎，真是个单纯而又执着的痴情女子啊！

此信寄出去后，依然没有得到胡适的回应。一时之间，徐芳心灰意冷，此后的三年，都没有给胡适写信。

怕了，于是便躲了

远在1938年的3月5日，胡适在日记中写道：

"写一信与舟生（即徐芳），劝他从危难里寻着自己的前途，恐此人不中说也。"

就在这时，胡适已生退意，只是徐芳尚且不知罢了，依旧痴情地、不间断地给远在美国的胡适写信。

胡适与徐芳的书信往来，最终被妻子江冬秀发觉，颇有经验的她读出了特别的意味。1939年9月21日，在美国的胡适收到了江冬秀寄来的家信。信中提到，在整理家中信件的时候，发现一位叫徐芳的女学生写给胡适的信很不寻常。她一直感到不舒服，规劝胡适及早与她断绝关系。

"此人是哪路妖怪？"江冬秀在信里问。

当晚胡适就回了信。这个时候，他早就与徐芳断绝了关系，所以回起信来理直气壮。

> "谢谢你劝我的话。我可以对你说，那位徐小姐，
> 我两年多，只写过一封规劝她的信。你可以放心，我自
> 问不做十分对不住你的事。"

是的，两年多来，只写过一封规劝的信，这是不假的。而在规劝之前的那些往事，就不再提了。

徐芳心灰意冷，多年的相思之情，随着时间的推逝，而化为灰烬。青春少女的纯真在空中飘散，再也回不来了。

1940年，在孔祥熙的举荐下，徐芳来到了中国农民银行做职员。在之后给胡适的信中，她提到这份工作十分舒适，薪水又很高。1941年，因她想去美国留学，想请胡适帮忙为她找一份勤工俭学的工作。所以，事隔三年，再次给胡适去信。此信中不谈情，不谈过去。上款为"适之吾师赐鉴"，落款为"生徐芳"。

然而，大概是之前徐芳的热情把胡适吓坏了，考虑到社会影响，不敢再去接近她。犹豫再三，胡适没有给徐芳回信，更加没有帮助她。

徐芳的留学梦想破灭了。两年之后，嫁给了大自己十几岁的徐培根将军。

胡适担任北大校长之后，曾经在到南京"中央研究院"

言说不尽的师生情

开会的时候，前去探望过他们夫妻，师生之间相谈甚欢。

到了1949年之后，他们先后来到台湾。在一些公开的场合里，还有与共同的朋友聚会之时，偶尔有过短暂的见面。

此时的徐芳，身份已是徐太太，再不是从前那个撒娇说着"我是你的孩子""你是我的美先生"的徐芳了。两人相见，不知如何开口。已经死心嫁作他人的徐芳，恐怕更多的是对老师的敬重与崇拜。

值得一提的是，与胡适分开后的徐芳，从此没有写过诗，并且远离了文坛。嫁人之后，尤其是到了台湾之后，更是安心于太太的身份，再没有出去工作。

有专家分析，徐芳的诗歌，写得最好的就是给胡适的情诗，有着极高的欣赏价值，可以说是那个时代的佳作。

1962年，胡适突发心脏病去世，在送行的人群中，就有徐芳哭泣的身影。红颜已逝，青春不再，留下的唯有内心深处的记忆。站在胡适的遗像前，哭作一团的徐芳，是否回想起数十年前师生之间的一幕幕画面。

此后，凡是有胡适的纪念活动，都能见到徐芳到场。她对老师的崇敬之情，不仅没有随着岁月的流逝而黯淡，反而愈加加深。她常常将"胡先生"挂在嘴边，以是胡适的学生而自豪。

一段短暂的师生之情，青春的激情可能早就随时光的流逝而消散，但是那份老师的扶植之情，却是永远消逝不去的。

远在美国，有个『淘气的月亮』

洛维茨档案

英文名：Roberta Lowitze

全名：罗德芭·洛维茨

昵称：Robby

出生地：美国宾州

出生日期：1904年

家人：丈夫杜威，为美国著名的哲学家，胡适的老师。

经历：1.1904—1936年，未知

2.1936年，担任杜威的秘书。

3.1939年，与远在非洲的男友结婚。婚后一年，男友病逝。

4.1946年，与大她四十三岁的杜威结婚，成为杜威的第二任妻子。

在胡适担任驻美大使期间，曾在哥伦比亚大学的抗战救援会上，进行了一场出色的演讲。演讲的内容为无论中国有无滇缅公路，都会义无反顾地将战斗进行下去。在场的所有人都被胡适精彩的演说所打动，掌声雷动。令人意想不到的是，当演讲结束，会场不是按例演唱战地歌曲，而是一首婉转的情歌。

这首情歌名叫《淘气的月亮》，是由胡适 1925 年所作的一首诗，由赵元任谱上了曲子。后来，被胡适翻译成了英文。

此时此刻播放这首情歌，不知是何意？

胡适的书信中，有数封是一位名叫洛维茨的美国女子写给他的。其中一封信有这样一段话：

> "我永远喜欢圆圆的月亮，它让我想起《蝴蝶夫人》中的名句：'月亮啊！我知道它将对我忠实，我们知道，它将向我走来。'"

啊，这位喜欢月亮的小妹妹（洛维茨比胡适小14岁），是不是就是胡适眼里"淘气的月亮"呢？

从《胡适的日记》中可以看到，在1938年初担任驻美大使期间，公务繁杂、劳顿不堪的他几乎将所有的业余时间都给了这位洛维茨。他们经常一起吃饭、喝茶、看戏、谈天，渐之熟悉。

1938年7月10日，由洛维茨开着车，带着胡适游玩。当车子开到了赫贞江边，圆圆的月亮淡淡地映照在洛维茨的脸上，那异国女子的面容、静谧的眼神、微微上翘的唇、端庄温柔的气质……胡适看得呆了、醉了，他多想这个时刻久一点，再久一点，就不用再面对开不完的会议、应酬不完的酒会。

两天之后，胡适与洛维茨吃完饭之后，回到了使馆，在

日记本上写道:

"月正圆,开始了赫贞江上第二回之相思。"

啊,圆圆的月亮,那不就是感性十足的美国女子——洛维茨吗?

寂寞中的情投意合

1938年10月,胡适来到美国出任驻美大使。他是个学者、文人、做学问的人,做大使实属无奈。但是在国家危难之时,怎忍心不付出自己的一份力量。

带着沉重的思想负担,还有国家的期盼,胡适踏上了前往美国的路。

当时初建的美国大使馆只有三个人,吃住都不方便。更烦恼的是,每天都要参加一个又一个酒会、演讲会、讲座等,每每胡适疲倦地拖着沉重的身体回到大使馆,已是后半夜了。大多数人都沉睡在梦乡中,唯有胡适的大脑仍在紧张地运作着关于下一天的计划。

就在胡适万分操劳、努力适应大使工作的时候,远在国内的学生徐芳不停地给他写信,内容情意绵绵。

这个时候的胡适，哪里有精力应对她。况且随着时间的推移，他与徐芳之间越走越远，再无任何的相交点，更无可以交流心灵的话题，而这个痴情的小姑娘全然不知。而最主要的原因是她很想要一个名分。

可以吗？胡适苦笑着想。

苦闷的胡适很寂寞，他很是需要异性温柔的慰藉，用女性特有的魅力抚平那驿动的心绪。

就在这时，有一位名叫洛维茨的美国女子，与胡适的关系渐渐亲密。

洛维茨是个犹太人，她管杜威叫"叔叔"，她的父辈与杜威有着不浅的交情。她在青少年时就与杜威相熟，上大学时，由于很崇拜这位著名的学者，与之有过书信往来。1936年，洛维茨来到纽约定居，被杜威聘为秘书，专门负责处理杜威的日常事务。

所以，当1937年10月胡适前来探望恩师时，自然会与洛维茨打交道。胡适凭着天生的敏感与对女性的体贴，很快获得了洛维茨的好感。胡适很喜欢这位落落大方、谈吐优雅、颇有柔情的犹太女子。而洛维茨早就得知杜威有这样一位来自中国的得意门生，一见之下，果然不负盛名，更觉钦慕与尊敬。

洛维茨比胡适小14岁，认识胡适时大概33岁。这个年纪早过了天真烂漫的时节，对生活有了成熟的定义，有自我的主见。如枝头绽放的花朵，开得过于灿烂；又如田地里成熟的果实，味道正甜。

刚刚摆脱了徐芳，年近半百的胡适意识到自己需要的就是洛维茨这样的知己，有知性的美，并且女性气息十足。富有青春活力固然美好，但不是他这个谨慎的中年男人消受得起的。

二人相互抱有好感，很快，在美国的日子里，胡适几乎将所有的空闲时间都花费在洛维茨的身上。

两个人一起喝茶、吃饭、谈天、看戏，一有空闲就去约会。相聚的时刻，彼此都觉得轻松和惬意，有种相见恨晚的感觉。

起初，自然是友谊，很单纯的友谊，不会谈爱。洛维茨是个保守的女子，知道胡适在国内有妻子，还有一双儿子，她绝没有想插足别人的家庭。他们之间的话题无非是谈谈学问，谈谈国际局势，或者只随意地谈谈天气，今晚的饭菜可口不可口，还有，天上的月亮比起昨晚的要圆、要亮……

由于年龄的差异，彼此熟悉了之后，洛维茨在胡适面前显得很俏皮，偶尔还会撒娇。胡适很享受洛维茨的俏皮与撒娇。她的俏皮与撒娇，与徐芳的完全不同。她知道什么时候可以撒娇耍赖，什么时候该适可而止，谈些严肃的话题。

她远比徐芳善解人意，大概是成熟一些，见得多，经历的也多的关系。他们之间是朋友关系，这样的朋友关系真挚自然，使双方倍加珍惜。

她的撒娇，实际上算是异性之间微妙的情感交流。当他们之间熟悉到一定的程度，洛维茨很喜欢向胡适撒娇，这时他们之间已经超出了朋友的界限，而是做了知己。

此时，数万里之外的中国满目苍夷，接连的城池失守，血战台儿庄，陇海线被割断，南京政府迁都重庆……

远在美国的胡适虽然没有亲身感受战争的残酷，而心早已被紧紧地揉碎了……

1937年4月25日，他在日记中写道：

"极感觉孤寂。斐成先生住此地，我们常见面，常谈天，给了我不少的快乐。他今早走了，故我今天甚觉难过。晚饭时，独自走出门，寻到他和我同吃饭的'俄国熊'小馆子，独自吃饭，真不好受！孤单客子最无聊，独访'俄熊'吃'剑烧'。急鼓哀弦灯影里，无人会得我心焦。"

好一个"无人会得我心焦"。就是这个时候，当胡适最孤寂落寞之际，体贴入微的女子洛维茨，迈着不紧不慢的步子，悄悄走进了他的心田。

而此时的洛维茨，有个交往已久、远在非洲的男友，还有大她45岁的杜威热烈地追求着她。显然，在她的心里胡适占据最重要的位置。

这一年，应该是洛维茨一生中最快乐的时光。三十出头的她，一定经历过数次的爱情，但是会有这一次更美、更刻骨铭心吗？那来自东方集东西方文化于一身的中年男子，风度翩翩，有着西方的绅士气质，又带着东方文人的风雅，与他相处的每一分钟，都令人心醉。

远在美国，有个『淘气的月亮』

老头子和小孩子

1938年的7月7日，这一天是卢沟桥事变的一周年，胡适忙着在密歇根大学做演讲。

奔波了整整一天，笑容几乎都僵硬了，双腿站得发麻，而他的内心无比焦虑。中国仍处于水深火热之中，他唯有不停地游走，利用自己在美国的影响力，竭力为国家做些事情。

但无论他做了多少，总是觉得远远不够。巨大的压力笼罩着他，强颜欢笑的面容下，隐藏着一颗疲倦的心。

胡适演讲完毕，刚走下演讲台，还未等擦一下额头浸出的汗珠，工作人员送来一封电报。

他打开电报，只见一行字：

"想老头子想得令人难以置信！"

这行字，是翻译过来的，原为英文。发送这封电报的就是洛维茨。

胡适看后，嘴角不禁荡起了一丝笑意，那一瞬间，所有的烦闷、劳累、困顿等顿然消失。他有个冲动：很想立刻冲到她的身旁，将她紧紧地搂在怀中，感受一下女性的温情，享受一下爱情的滋润。

当然，他只是想想，还有一大堆工作等着他来处理，根本不容做私事，更顾不上儿女情长。而这一声"老头子"，却唤起心底的那一抹柔情。

当时的胡适47岁，由于保养得好，又深有文化气质，远远地看上去，还是很精神的，丝毫看不出年近半百的样子。说他是"老头子"，实在有些名不副实。

而这个"老头子"的称呼，其实是带着点情人之间的娇嗔与调笑，并非其称呼的本意。要说起来，它还是有典故的。

那是一段与洛维茨交往过密的时光。两个人几乎每天都有约会，吃完饭去看戏，或者到郊外游玩，去咖啡馆喝咖啡，等等。闲谈的时候，胡适很有兴致地教了洛维茨几句常用的中文，还风趣地说，在中国，像他这个年纪的男人可以称作"老头子"了，而她在他的面前，顶多是个"小孩子"。

随意的闲聊，想不到细腻的洛维茨竟熟记下来。从此之后，凡是见面必称呼胡适为"老头子"，称自己为"小孩子"。胡适哭笑不得，只好接受了这个称呼。在他的心底，清楚地明白洛维茨并不是觉得自己老，而是双方默契遵守的"昵称"，却谁也不将此点透。

两个人此时已经生情，却都不愿捅破这层窗户纸，宁愿当作友谊一般地维持下去。这大概也是胡适很珍惜洛维茨的原因之一。她虽是西方人，有着西方女人的直率，却深知胡适的性格，更加珍惜彼此的友谊。

远在美国，有个『淘气的月亮』

他们并不知道，爱情已经悄悄地潜入双方的心头，想要回避是回避不了的。

赫贞江畔的相思

7月10日，抽出些许空闲的胡适将洛维茨约了出来。在安静地吃完饭后，胡适提议到赫贞江边去转转。

于是，洛维茨开着车，胡适坐在副驾驶上，车子向赫贞江畔的方向驶去。

洛维茨专心开着车子，胡适坐在一旁不语，时而沉思，时而侧首望着正专注开车的洛维茨。正是月中，皎洁的月光透过车窗映照在洛维茨白皙的脸庞上，反射出几道微微的亮光，明亮的眼眸，闪着灵动的光芒，微微翘起的小嘴巴，唇无比红润……

要说起洛维茨的相貌来，其实十分平凡。而胡适并非普通的俗人，虽然他口口声声称自己"好色"，实则他对于"色"相看得并不重。

在其一生交往的女子中，其"才"是必须的，"情"随在其后，最后才轮到了"色"。

洛维茨就是这样一个有"才"又有"情"，但是缺少"色"的女子。走在人群中，很难马上将她找寻出来。

但是，此刻在胡适的眼中，她是那么的美丽。古人说得好："月下看美人。"果真如此，一时间，他看得几乎痴了。

赫贞江畔的景色依旧迷人，月色之下，更显出它独特的风光。当晚，他们很晚很晚才回去……

两天之后，也就是1938年7月12日，两人又再一次开着车子来到了赫贞江畔，之后去了 Arrowhead Inn 吃饭。

这些都被胡适写进了日记里。写完之后，他又清楚地在最后写上："月正圆，开始了赫贞江上第二回之相思。"

到了这时，胡适终于肯正视自己的情感，承认对洛维茨产生了爱情。

只是不知那一晚，他们之间究竟发生了什么。要知道，一段爱情，能够被胡适堂而皇之写进日记里，是多么的难得。之前，无论是与曹诚英还是徐芳，还有曾经暧昧过的陆小曼发生恋情之时，只有大段大段的空白。那些日子里，胡适会停下坚持写的日记，顶多是用诗歌隐晦地表达出些许，让细心的研究者去猜，而从来没有如此直白过。

胡适沉浸在新的恋情之中，仿佛年轻了十岁一般。远在国内的妻子江冬秀，来信说，已经三个月没有收到胡适的信了，话里多少有些抱怨与怀疑。

还有谁更懂得胡适呢？不给家里写信，大概是有点乐不思蜀了。

1938年10月6日，胡适正式担任了驻美大使，从此之后更加忙碌了，再没有多余的时间与洛维茨相会。他们多是通过书信往来而了解彼此的消息，而洛维茨经常在报纸上读到胡

远在美国，有个『淘气的月亮』

适的消息，看到刊登有他的照片，但他们并未因此而疏离了关系。

10月28日，胡适前去拜访美国总统罗斯福。为了迎接胡适，罗斯福特地举办了一场招待会来庆祝胡适的上任。胡适微笑着站在喧闹的人群中，一头新发型颇引人瞩目。他抹了发油，将额头的发向后梳去，显得很是利落和精神。此后，他经常以此发型示人。

而这个新颖别致的新发型，就是洛维茨为他设计的。招待会后，胡适专门找人给自己拍了张照片，给洛维茨寄了去。洛维茨十分高兴地回信道：

> "你真体贴送照片给我。在这艰难的岁月里，我的感觉和你是非常相似的。你的信带来了一线光明，但离（战争）结束的日子还远着呢。你对自己属于这样一个富有勇气的民族，一定极为自豪。我觉得这并非不可能，日本人也许会力竭而亡。"

信中的语气很深情，饱含了对胡适浓浓的爱意，以及对胡适身后那个悲壮的民族的关切之情。她爱胡适，由此爱上了他的国家。这种对异性的爱是成熟的，更是深厚的。

满怀感慨的胡适，在给陈光浦的信中附带了一张自己的照片，照片上题着：

> "略有几茎白发，心情几近中年。做了过河小卒，

只许拼命向前。"

这首诗有些自嘲，也有些低沉。当了驻美大使的胡适，深感肩上担子的沉重。忙碌的工作，使他无暇顾及自我的心理需求，只能抽空给洛维茨写信，聊以慰藉。

这个时期，他俩的书信来往比较频繁。洛维茨一直在信中称呼胡适为"老头子"，自称"小孩子"，十分浪漫。

洛维茨十分细心，在信中关切地询问他，牙疼是否好了些？吃饭时还疼不疼？有没有去看医生？她还体贴地说，工作那么忙，不用特意抽出时间来给她回信，除非是很想和她聊天。还说不会打听他的工作情况，而让他感到为难，因为知道都是很重要的机密。在体谅他的同时，又隐隐地担心，忙碌的胡适会有一天把她忘掉，而说到这里，她立刻拐了一个弯，为自己打了圆场。

从这点可以看出，洛维茨是个社交场上的能手，也是个痴情的女子。无论是谁，多大的年纪，思想有多么的成熟，在爱情的面前，都是痴痴的、单纯的傻子。

这封信写得很长，他们正处于恋情的炽热阶段，却因胡适的忙碌而没有时间见面，只能将相思寄予书信之中。

她殷殷地叮嘱胡适，不要过分地注意言行，那样会非常劳累，虽然知道处于他的位置，必然要步步谨慎，处处小心。洛维茨见识广，在杜威的身边工作多年，自己虽未经历过这些，但看也看得多了。

　　"亲爱的老头子，我这样对你说，是因为这样做太累；而你必须要放松一点，注意你的健康。……当你感到紧张和失眠的时候，要注意多多休息。"

　　她甚至提出：如果需要宴请客人，她很乐意帮忙或者出主意，在华盛顿有三家很好的店，完全可以出色地承办酒会。

　　从生活到工作，从思想到具体而琐碎的公务，点点滴滴都替胡适想到了。有此红颜，岂不是胡适的幸事？

　　大概从胡适赴任驻美大使起，敏感的她，感觉到胡适会离她越来越远。又或者是因为相聚的时间太少太少，多情的洛维茨在信中伤感地说：

　　"我永远喜爱圆圆的月亮，它使人想起《蝴蝶夫人》的名句：'月亮啊！我知道它将对我忠实，我们知道，它将向我走来。'"

　　过了些天，由于在报纸上读到了有关胡适的新闻消息——这个时候的洛维茨比任何时候都爱看报纸的新闻版，每一则哪怕是角落里的消息都不肯放过。只怕万一不小心，就错过了与胡适有关的消息。每一则与胡适相关的消息，她都会默默地读上好久，细细地品，从中挖掘会出现的问题，需要改进的部分，再把这些意见或建议写到信里。她这么做，不是刻意地想要讨好胡适，完全出于本心，是自然而然的举动。

也就是这一点，深深地打动了胡适。

洛维茨在报纸上看到消息，得知胡适在白宫向罗斯福递交了国书，之后又举行了记者招待会。她甜蜜地赞美胡适有了外交家的风度，是个很坚定而自信的人。话里话外，无不洋溢着对胡适的崇敬与仰慕。

洛维茨是胡适结识的所有红颜当中最富有女性魅力的，她温存、善解人意，还有广博的知识面，她关注他从里到外、从远到近的一切。当他忙的时候，就站在远远的地方看着他，从不肯主动打扰，连信都不让他回；她撒起娇来，自称"小孩子"，又是妩媚当中带着娇嗔的意味；她有着知识女性的矜持，又具备西方女子狂热的风情，她像是在主动撩拨他，但这一切又像是在她毫不在意之中发生的……这样的一个尤物，在年近50岁的胡适心中，撩起了阵阵波澜，他再也无法控制内心的欲望……

据洛维茨在11月3日给胡适的信中提到，这一晚，两个人之间的关系有了实质的改变。

　　"我最近才知道真正的爱是什么。一个男人把你搂在他臂弯中的时候，你的每根神经都在颤动。当你在清爽的月夜里迎风驾驶，有他坐在你的旁边，两人的手近在咫尺，能互相握到，这让我感到若狂的喜悦。我刚感受到小别之后，拥在他臂弯之中，亲到他面颊的滋味。告诉我他已'回家'，而不只是活在记忆中……"

一对彼此有情的男女，终于品尝到了爱情的一点点滋味。

不知道他们相拥的地方，是否在赫贞江之畔。

而洛维茨是很传统的。就在这一天，同一封信里她第一次理智地谈道：

> "对你（胡适）来说，以有一个真正的管家为好。如果是我的话，我希望在我回家时，有孩子们在；我喜欢孩子，有朝一日有一个，接着有两个。我知道，这必得结婚，必须对这个家付出我的一切。我曾答应我在非洲的朋友，在今年年底以前给他答复，但下这决心可不是件容易的事。"

洛维茨是个聪慧的女子。当与胡适发展到了亲近的地步，自然想到了彼此的未来，但她不会直接提出，而是从侧面将问题娓娓道来，一切让对方去领悟。

在信的结尾她还殷切地说：

> "要做的决定使我很伤脑筋，有许多事情我喜欢和你说说，并征求你的意见……给我写封长信吧，现在就写。"

这封信写得很长，谈到许多严肃的现实问题。比如作为一个女人的责任，对待家庭的态度，建立家庭后的夫妻关系，妻子在养育儿女的同时，也要做好丈夫的贤内助等。她还认为婚姻应该有真挚的爱情做基础。

在信的结尾，她依然十分体贴地叮嘱胡适要多注意身体。

"亲爱的老头子，请多多保重你自己，为了我，也为了你，为了中国。我的意思并不是要把我自己放在第一位，把中国放在最后。而是为了所有你最爱的人保重自己。因为有很多人都爱你并需要你。"

当然，这个"很多人"当中，肯定是有Robby小姐的。

大概是过于忙碌的关系，胡适写给洛维茨的信不仅少而且短，但是每个字都蕴含了无尽的情感。

11月30日深夜，带着疲倦归来的胡适走进房间，一眼看到洛维茨的来信，顿时满身的疲惫全然消除。他激动地拆开了信，并且立刻给洛维茨写了回信。

"我最亲爱的小孩子（Hsiaohaitze）：

衷心感谢你那封写得美丽动人的信，第一页的行文就像所写的诗一样富有诗意。

你建议的计划非常好。刚从一个大宴会归来，累得不得了，必须写这封短笺给你，并在入睡之前，给你一个温馨的吻。"

这封信确切无疑地告诉我们：胡适先生在与洛维茨小姐谈恋爱。而此时，正是热恋的阶段，火热到片刻不愿分离

的地步。

胡适又有多久没有给江冬秀写信了啊？

渐行渐远渐无书

不知是恋情过于炽热，还是外交生涯太过跌宕起伏，作为学者的胡适不能够适应。或者两者皆有。

1938年12月4日夜，演讲完毕的胡适在与朋友宵夜的时候，突然感到胸口疼痛，汗如雨下，随后被送到了旅馆。第二天一早推掉了约会，但是11点的演讲会不能不去。胡适强忍着疼痛，参加了纽约中国文化协会的活动，并演讲了《日本对中国的战争》，用时30分钟。

从演讲台下来，胡适忙回到旅馆，请医生为他检查，照心电图。检查中发现是血管堵塞，当即便送进了哥伦比亚大学教学部的医院急救，住院接受治疗。

这一住就是77天，连47岁的生日都是在床榻上度过的。

起初的时候，洛维茨十分焦急，有空便前来看护他，陪伴他，尽自己最大的努力无微不至地关心照顾他。若是有事不能前来的话，也一定会有信件相陪。

而她等待胡适写的长信，却是久久没有等到。

胡适的爱情如火山喷发一般地奔流而出，但就是不回应洛维茨信中提出的问题。

他可以给爱情，却闭口不谈婚姻。

那个躺在病床上，苍白着一张脸的中年男子，离她渐行渐远。

她突然间醒悟：她与他从来就没有在一条路上。只是各自行走的孤独的路人，相遇在一个少人经过的路口。在旅行的劳顿中，无意中遇见，轻轻地触碰到对方的身体。清冷寂寞的路上，这一番相遇显得格外动人。紧紧握住对方冰冷的双手，相互获取那一份温暖。而一旦再次上路，将会背转过身，朝着不同的方向前行，再也不回头。

她连少许的机会，都没有。

当看明白了胡适对待爱情的态度，对待她的无情，起初的洛维茨是有一点点幽怨的。前去探病的时间渐少，即便偶尔去了，也是冷冰冰地给胡适脸色看。到了后来干脆不去了，凭空消失。就连胡适出院，她都没有过去看望，以忙推托。

在这段日子里，那个"小孩子"如同断了线的风筝，久久没有消息。孤寂的胡适，在漫长的等待之后，不久便与医院里的一位护士产生了微妙的情感。

当胡适出院的时候，洛维茨正在佛罗里达与母亲还有杜威，在海边轻松地度假。杜威一直在对她表示出极为热烈的好感，她不是不知道。只是心始终在胡适那里，对杜威是视而不见。这个时候，当她转过身子，回头向杜威望了一眼，还是觉得这个怀抱更有安全感。

她能一下子忘了与胡适的曾经吗？肯定是不能。

　　她想他，怀念那一段段美好的过去，经常在一个人的时候呆想，就是玩得热闹时，也不觉得有多尽兴。她并不想出来度假，只是为了气气胡适，挫挫他的威风，不要以为自己多有魅力。没有他，她依然可以过得很好。但可气的是，她还是非常地想念他，没有谁能够替代他，无论走到哪里，眼前都有他的身影在飘，但她又不愿说出来。

　　于是，她会突然寄去迈阿密的橘子，却不留下只言片语，甚至连地址都不留。收到橘子的胡适，望着这份礼物唯有发呆，遐想……还有纠结和思念。

　　橘子甜吗？酸吗？吃的时候，胡适味同嚼蜡。

　　洛维茨选择这样的方式表达情感，在异性中滚爬了半生的胡适，怎能不明白？但就是如此，他才更加揪心，相思如断肠。

　　"我常常想到你。我想我的'小孩子'是不是玩得太痛快了，想不到写信给我了；她是不是正在谈恋爱，变得健忘了；或者她是有意地不写信给我，所以，我不需要坐起来写回信？你可以猜得到，我最喜欢第三个假设，那是最合理的。"（胡适的信 1939年3月24日）

　　他猜得很对。除了他，还有谁更了解"小孩子"呢？"小孩子"在赌气，故意和他赌气。而他却最喜欢这一点，喜欢她跟他赌气。这说明她仍然是很在乎他，心里想着、惦着、装着这个"老头子"。而有意跟他赌气，多多少少还有着撒娇的成分。这样看来，他和她之间的缘分，仍然未了。胡适很喜欢这样，沉浸在其中，默默品尝着爱的滋味。

这份赌气，持续了好久。她不再是从前那个体贴的、善解人意的洛维茨，真的变成了一个"小孩子"，处处与"老头子"作对，赌气。

因为长期住院的关系，导致堆积了一大堆的工作，出院后尚未完全恢复健康的胡适忙得晕头转向，根本没有时间休息。洛维茨全然不管，也不问胡适的病情如何，而是气急败坏地声讨他忘记请自己到大使馆看戏。这要在从前，温柔的洛维茨只会一笑了之，最后还要加上一句："注意身体，别太劳累了。"而现在，她只管撒娇耍赖向"老头子"兴师问罪。"老头子"只好放下手头的工作，不停地赔不是，道歉，反复解释原因。此后，再遇到此类事情时，"老头子"往往事先与"小孩子"沟通好，杜绝再次发生。

而他的"小孩子"，终究还是带着失望与无奈，渐渐地走远了……

红颜结婚了，新郎不是我

留存下来的洛维茨写给胡适的信，只有一封是用打字机打出来的。这一点很耐人寻味。

信上没有注明日期，只写着星期三的晚上。根据信中所说，她刚刚送给胡适一瓶红酒，又说"医生很肯定地说，一定可以康复的"，由此可见是在1939年胡适病愈出院之后。而在3月24日，胡适还写信哀怨地诉说"小孩子"玩得将他忘记了。由此推断，此信大概写于1939年4月期间。

用打字机写信，不知是有意为之还是懒得手写。要是依"老头子"的推断，一定会是前者。"小孩子"用各种方式向"老头子"撒娇，跟他赌气，心中还是十分地惦记他、爱着他。这是很甜蜜的感觉，是情人之间交流的另一种方式。

而读了信件的内容，却是丝毫和撒娇扯不上关系。

她先是对胡适的病情评论了一番，用嘲笑的口吻说胡适太过娇气，只不过是"一场很轻的小病，至少能让哲学家把工作放下，略作休息，倒是好事"。

洛维茨一定不知在十几年前，胡适因为得了痔疮而到杭州休养的事情。不然，绝对不会把他差点没了命的心脏病当作小病。

接着，洛维茨用平静的口吻说，她与杜威商量想请胡适到佛罗里达休养一段时间。因为那里有明朗清透的蓝天，清爽的海风，还有白色的沙滩，可爱的海贝和明媚的阳光，是最适合养病（这里，她又不说是小病了）的。之后，她特意补充道："约翰逊叔叔和我已经为你做好了各种安排，你尽量来好了。"

约翰逊叔叔就是杜威。从信中能够明显看出她与杜威走得相当近乎。也许是自然流露也许是故意为之，无论怎样，

"老头子"胡适猜测出她的动机，估计再也不会感到"最喜欢"了吧。

在这封信里，洛维茨将自己与胡适的关系做了重新定位，有意突出了与"约翰逊叔叔"的亲近。胡适早知杜威一直在追求着洛维茨，不能说洛维茨这么说不是一种示威。

而她对他的关心如故，谆谆叮嘱道：

> "你不要让各种事情使自己烦恼不已，行吗？请记住，你昨天为之忧心忡忡的今天，已然到了，什么事情也没有发生。而且，很快就会过去，明天即将到来。明天，你会有十倍好的身心状态，在很短的时间里，把一切都补偿过来！"

即便是因为无奈，因为理性的选择，而渐渐地远离，内心的情感还是一时无法割舍的。她依然地惦记他、关心他，只是不得不调转了头，远远地用哀怨的目光望着逐渐陌生的他。

在信的结尾，她依然称呼自己为"小孩子"，却带着伤感的语气加了一个括号，"我还可以当多久的小孩子"。

想来胡适见到这段话，在心底一定会说："如果有个日期，我会说是一万年。"但是，他不能够说，只能保持沉默，不能给她一点点的希望。如果轻易脱口而出的承诺不能兑现的话，那就是对她的欺骗。对待感情，胡适永远都是坦诚的，不给就是不给，宁愿失去也不愿给对方一个无法实现的妄想。

远在美国，有个『淘气的月亮』

对于这一点，起初都会让红颜有怨气，但是到了最后，往往还是会原谅他。因为他这么做，是出于对她们的保护。要是随便许下一个承诺，然后一直拖着不实现，只待将感情完全地耗尽，那受到伤害最大的，肯定不是胡适。由始至终，他对待他人都是尊重的，也从不掩饰自己的想法。

这封信之后，两人的来往更加稀疏。别说见面，就连信件通得都极少。半年后，洛维茨在信中称："格兰特一家人向你问候"。1939年9月21日，她与非洲的男友罗伯特·格兰特结婚了。

胡适的心里不是滋味，他懂洛维茨的心。她真的对格兰特有爱吗？她不是说过"婚姻是一定要有真挚的爱情做基础的"？与格兰特有爱情吗？如果没有，为什么匆匆地与格兰特结婚（凭着直觉，胡适不相信有。他与洛维茨这段时间的爱情，是确确实实存在的）？这个选择有多少是赌气的成分？冲动又有多少？

爱情是很美好的，可以任意为之。但是走进婚姻，需要的不仅仅是勇气，更多的是理性的选择。亲爱的"小孩子"，你真的想好了吗？

胡适衷心地希望他的"小孩子"可以以快乐的心情奔向自己的幸福，不要冲动，更不要赌气。

事实是，洛维茨远比胡适想象中高明，她的婚姻生活还算幸福。从某一点来说，她与胡适是相同的一类人，既充满了感性，同时对待生活的态度又是理性的。什么该做，什么不该做，心中完全有数。所以，根本不用胡适为她去担心。

对于这一点，胡适感到很欣慰，也为他的"小孩子"生活得幸福而感到高兴。之后与洛维茨的通信，胡适多是彬彬有礼地先是向格兰特问候，还会诉说自己是如何与心脏病做斗争的，语气依然诙谐和自嘲。

"我最高兴听到的是你过得相当愉快。不久以前，你似乎不相信我说的话，在看到别人快乐和使别人快乐的时候，也成就了自己的快乐。我最高兴的是看到你在新生活中过得愉快。在你安顿下来以后，我很想去看看你。"（胡适的信 1940年10月8日）

这就是胡适待人宽厚之处。他的一生交友无数，以"我的朋友胡适之"而闻名，绝对不是偶然。他为人大度而宽容，处处为他人着想。对待曾经爱过的女人，更是关心备至，看着她幸福也就幸福了，而不是得到。这是爱的较高境界，也是他交往过的女子，虽然最后都没有结得正果，却始终敬重他的原因之一。

后来，洛维茨相信了这一点，更加敬重他，也为结识了胡适这样的男子并且相爱而感到幸运和骄傲。

可惜的是，人生无常。就在婚后的第十四个月，洛维茨仍沉浸在新婚的甜蜜中，得了重病的丈夫格兰特突然间离开了人世。就在短短的时间里，这个招人怜爱的"小孩子"变成了寡妇！

胡适听说这个令人悲恸的坏消息后，就在不住地担心。

远在美国，有个『淘气的月亮』

他写信问：

"我能帮你什么忙吗？如果我能用任何方式为你做任何事，请你一定告诉我。"

这句话带着热切、真挚的关怀，尚在巨大的伤痛中的洛维茨看到之后，对胡适是深深的感激。她没有向胡适提出什么要求。有她的约翰逊叔叔在身边，一切都替她办了，不用操一点的心。这个叔叔虽然大她45岁，但是可以给予她足够的安全感——这是胡适永远都无法给予的，所以他无法替代杜威在洛维茨心中的地位。

1942年的美国《时代》杂志刊登了一首小诗，名为《淘气的月亮》，作者是中国的学者、驻美大使胡适先生。

Also, It is a Tiny Cloud,

Again the thin clouds,

Again the brilliant moonlight after the thin clouds,

But no more the travel companion of last year,

And no more the youthful feelings of that time.

Not willing to be reminded of love lost,

I dared not go outdoors to look at the moon,

But the mischievous moon came in by the open window,

And made me sleepless the whole night.

发表这首诗的时候，距离胡适卸任驻美大使还有半年的时间。由于宋子文的竭力排斥，胡适的大使工作不甚顺利，他的去意已决，想回国教书，数次向蒋介石递交辞呈。在即将离开生活了多年的美国之前，最留恋的是什么？大概就是这"淘气的月亮"。

这首诗译自胡适写于1925年的小诗《也是微云》，原诗如下：

> 也是微云，
> 也是微云过后月光明。
> 只不见去年的游伴，
> 也没有当日的心情。
> 不愿勾起相思，
> 不敢出门看月。
> 偏偏月进窗来，
> 害我相思一夜。

对于相思，胡适的体会可谓深刻。与洛维茨的恋情已经画上了句号，而他的心里永远没有句号。他把思念深深地埋藏在了心底，那个淘气的月亮，是美国最浓的回忆和留恋。

> 也想不相思，
> 可免相思苦。
> 几度细思量，

情愿相思苦。

——胡适《生查子》

发表《淘气的月亮》之后的一个半月，胡适在给友人写信时说道："我的两鬓都斑白了，现在真成了老头子了。"

不知睿智的胡适是否能够意料到，这位红颜知己最终做了他的师母。

1946年12月，洛维茨嫁给了杜威，做了他的第二任妻子。当这个消息传到胡适的耳朵里，会是什么心情？

从此之后，碍于师生之情，胡适再也不能与洛维茨过于亲近。书信来往得极少，单独见面更是不可能。但在他的心底，永远有一处属于"小孩子"的地位。

1962年2月24日，在台湾，胡适参加"中央研究院"举行的欢迎新院士的酒会，突发心脏病，经抢救无效，最终还是离开了人世。

洛维茨得知这个消息后，很快与胡适的家人取得了联系，参加了追悼仪式。她还和胡适数十年的至交韦莲司联系上，共同为出版胡适的书稿出力，可谓是尽了全力。而她做的这一切，只能是以师母的身份。站在胡适的墓前，望着阴阳两隔的他，洛维茨的心头有说不出的滋味……

多少旧情多少梦

哈德曼档案

英文名：Mrs.Virginia Davis Hartman

昵称：丫头、蕊蕾

出生地：未知

出生日期：未知

家人：未知

经历：1.1938年12月6日，护理心脏病发的胡适。

2.1955年11月，因病前去大西洋休假。

　　在胡适的中年时段，有位叫哈德曼的美国女人经常出现在他的日记里。史料对哈德曼的记载很少，并不像其他的几位红颜那样为人熟知。若是粗心一点，恐怕会将她忽略。

　　而在胡适后半生的时光里，哈德曼占据了胡适数年的光阴，陪伴他度过了最孤寂的一段日子。她精心地照顾着胡适的身体，抚慰着他的心灵，始终是默默无言，从不索取。只要胡适需要，她就会在第一时间跳到他的身旁。

　　除了爱情，还有什么可以让一个女子如此深情？

　　她与胡适相识在1938年，相识在医院，在胡适心脏病突发的那一天。人生的机遇就是这样的奇妙，不知道何时，也不知在何地，一抬眼眸，就在悄然间相遇……

哈德曼是一位心脏病专职护士。胡适在美国突发心脏病住院期间，就是由她护理的。77天寸步不离地相守，从而与胡适开始了一段美丽而又平凡的恋情。

病房里滋生的情感

胡适在担任驻美大使期间，最重要的工作就是去各地演讲，宣传中国的抗日政策，以获取美国的理解和支持。

1938年12月4日，胡适在纽约的哈莫尼俱乐部发表演讲，讲的是《美国独立战争与中国抗日战争》。演讲完毕，他和康奈尔大学的同学赫洛德·雷德曼律师一起来到一位朋友家吃宵夜。

到了朋友家，他们随意地坐在沙发上谈天。说话之间，胡适突然站了起来，弯下腰，双手紧紧地捂住胸口，看上去很难受的样子，并且不断地呻吟，额头的汗水如雨般淌下。

旁边的一位朋友忙递上一杯白兰地，他一口饮干。之后仍不能缓解。雷德曼便请彼得·格林将胡适送回了旅馆。

到了第二天，胸口依旧十分疼痛。胡适推辞了上午的约会，于11点参加了纽约中国文化协会的活动，并发表了演

多少旧情多少梦

讲。演讲的题目是《日本对中国的战争》，为时30分钟。

演讲结束后，胡适匆匆回到了旅馆，请医生为他做了详细的检查，并拍了心电图。

检查后发现，胸口痛的原因是心脏的一根血管受伤之后发生了堵塞，从而形成了一个小血块。这在当代称为心肌梗塞。医生说，正是昨晚的那杯白兰地救了他一命，不然当时就不行了，绝对坚持不到现在。

病情严重，胡适马上被送进了当地的哥伦比亚大学教学医院住院治疗。

据胡适回忆：当时中国的局势十分不好。随着广州、武汉接连失守，胡适感到自己身上的担子越来越沉重，心绪十分压抑。他每日奔波在美国各处，竭尽全力进行着演讲，努力将中国政府的抗日思想在美国传递。除了巨大的精神压力之外，身体又处于长时间的疲惫当中，得不到休息，再加上身体素质原本就不大好，因而引发了心脏病。

胡适这一病，在医院足足住了77天。

他是个感性的人，独自一人远在美国，躺在凄冷的病床上，甚为想念北平的家人和朋友们。而近来相交甚深的洛维茨小姐，起初还很热情地前去探望他，却因胡适迟迟不肯回应关于感情前景的话题，赌气之下跑去了佛罗里达游玩。许久都没有消息，好不容易收到寄来的橘子，却是一个字都没有写，也没有留下地址。相思与惆怅深深地在胡适的心头荡漾。他当然知道这一切是什么原因，但他是有原则的，在感情上面自有他的一番道理。爱情和婚姻，永远是两条平行的线路，在他的生活中，绝对不会混为一谈。

病人的心是最脆弱的，也是最需要关心的。

就在这时，护士哈德曼悄悄地走进了胡适的生活。

12月6日，心脏病专职护士哈德曼太太走进了这间特护病房，她像以往一样精心地照顾着病人胡适。接触久了，慢慢地，她对这个中国人有了些了解。

在她的眼中，这个大自己十几岁的中国"大人物"，看上去和蔼宽厚，很是安静，酷爱读书。他对待每个人都极有礼貌，说话带着笑容。每次为他服务，他都会用标准的美式英语说声"谢谢"。和他在一起，很是舒服。

在胡适看来，哈德曼太太是个很专业的护士。性格温和，技术高超。此时的他，非常需要异性的安慰。而洛维茨不在，韦莲司又远在绮色佳工作，不可能每天过来陪他。他躺在医院的病床上，再接触不到其他的女性。哈德曼照顾得十分周到，令他很舒服，渐渐地吸引了他的视线。他对她多了几分依恋，每日都盼望着她的身影出现。

77天之后，胡适感到自己已经离不开哈德曼了。哈德曼对他则是相当崇拜，主动提出愿意跟着去华盛顿，继续照料未曾完全康复的他。

胡适自然十分欢喜。有哈德曼在身边，对病情极有好处，更是让他心情舒畅。她可是一位技术精湛的特护，体贴入微，由她陪在身边，再合适不过了。

2月20日，胡适在日记里写道：

多少旧情多少梦

　　"今天下午离开Harkness Pavillion，坐四点半车子回Washington。游建文兄与护士Mrs.V.D.Hartman同行，八点〇五分到。"（胡适的信　1939年2月20日）

　　住了一次医院，成功将护士拐回家的，胡适不是第一个，但是是最美的一个。

　　这一天，在华盛顿中国驻美大使馆的橡园里，多了一位身材修长、气质优雅、善解人意的美国女子。她就是胡适请来的看护哈德曼。

　　哈德曼与胡适相处得非常好。每日为他准备好当天要吃的药，及时提醒他时不时活动一下，还要经常喝水。她是一名特护，但同时又像姐姐一样地关心他，有时又像是妹妹，柔声细语地哄他早些放下工作歇息……

　　胡适对哈德曼十分感激，如春草般滋生的喜欢，则深藏在心底，不会轻易表露。3月13日，他恋恋不舍地送走了哈德曼。当晚，独自默默地坐在书桌前，无比惆怅地写下这一天的日记。

　　"看护Mrs.Virginia Davis Hartman今天回New York去。她从十二月六日看护我，到今天已经九十七天，待我最忠爱，我很得她的好处，今天她走了，我觉得很寂寞。"（胡适的信　1939年3月13日）

　　胡适明白，若不是哈德曼高超的护理技术，以及她和善友爱的关心，他是不可能这么快康复的。对于她，除了有深深的感激之外，还有说不出道不明的深深依恋。

遇到胡适，则是哈德曼一生中最美丽的一道风景；而遇到了哈德曼，对于胡适来说，何尝不是最大的幸运？

哈德曼暂时离开了胡适，但她的心已经留在了这个中国男子的身上，同时，将胡适的心揣在怀中，随着她一起而去。

与哈德曼亲密相处了77天。在胡适的日记中，这个名字虽然于1939年出现了7次之多，但是丝毫没有表露出与之亲密的意思。顶多是将哈德曼的称呼，由哈德曼太太到"V.D.H"再到"H"，细心的人可以发现他们的关系在逐步地接近。谁都没有料到，著名的北大学者胡适，身边亲近的女子个个都出身名门，而在47岁这一年，竟然喜欢上了自己的看护，实在是让人大跌眼镜。

或者，从这一点便可以看出，此时的胡适实在是太寂寞了。

对他有爱，还有崇拜

1942年8月15日，胡适收到了国民政府发来的信函，卸任了他的驻美大使一职。无官一身轻，他顿时感到松了一口气。

只因回国的职位未定，胡适只好继续留在美国，到各地发表演说，而大使馆的橡园是不能住下去了。他收拾好行

多少旧情多少梦

李，来到了纽约，住在东81街104号。这一街为高档住宅区，环境清爽幽静，交通便利，实在是一处宜居之地，胡适很喜欢。回国前的三年多，都是住在这里。

这栋公寓就是哈德曼为胡适精心安排的。为了给胡适提供最好的、最舒服的环境，哈德曼可谓是费劲了心思。

在1949年的夏天，天气十分炎热。哈德曼给韦莲司写信，讲最近胡适来我家住，我想给他最舒适的生活，可是担心他无法忍受纽约的热度，就想安一台空调，但是非常贵，要500美元，我的钱不够，你能不能出一半的钱，共同为胡适的美好生活出份力。韦莲司很痛快地答应了，马上寄过来200美元。

当胡适得知了这件事后，非常感动。他说自己懂中国的历法，今年立秋很早，炎热很快就会过去了，根本无须安装空调。然后，他就把韦莲司的200美元退了回去。

胡适待人真的很好，很会为人处世。妻子江冬秀远在北平，不可能过来照顾他的生活，多亏了身边有哈德曼。而哈德曼与韦莲司相处得非常好，这是韦莲司大方的缘故，也是哈德曼毫无心机、心地单纯，很容易赢得信任的关系。

这个时候，胡适实际上已经与哈德曼同居在一起。他们的关系有多亲密，不言而喻了。

从胡适卸了大使一职到回国重新走进北大的这段日子里，是胡适一生中经历的较为低潮的阶段。多少年抛去家业，舍弃了最爱的学问，拼了命在美国为中国呐喊。而作为一名学者，难以处理好大使的日常事务，最后竟然落得有家不能归的地步。

幸好有哈德曼。她虽然没有高深的文化素养，并不懂得胡适的种种伤悲和难言之隐，但是可以在生活上无微不至地照顾他，让他的生活更舒服一些。这无疑是胡适此刻最需要的，比起千言万语的安慰，更让他感动。

他们之间，没有月色下的卿卿我我，浪漫的约会，没有赤裸裸的爱情表白，甚至胡适也没有在日记中提过一句对她的爱意。但这些并不意味着他们之间的关系不亲密。

或许，胡适与哈德曼的爱并非是来自心灵深处最彻底的交流，没有痛彻心扉、刻骨铭心的恋爱感受。他们的爱，是落入平地的现实主义，是柴米油盐，是平平实实、脚踏实地的生活。

哈德曼不会写诗，读不懂胡适的学术论文，读不懂《两只蝴蝶》，她的爱是最原始的，也是最单纯的。在胡适所有的红颜当中，只有她肯默默地不提任何要求，义无反顾地和他在一起。

胡适的日记中，多次出现了哈德曼的名字，但是对于他们的关系，却是避而不谈。就连胡适在美国的朋友，如唐德刚先生和胡颂平先生，均未提到哈德曼的存在。按说胡适常年住在哈德曼家里，作为胡适最亲近的朋友，不提一定是有原因的。大概是在回避。

在胡适做驻美大使期间担任秘书的傅安明回忆说：

"胡先生旅居纽约三年多，到1946年6月5日才乘船

多少旧情多少梦

回国任北大校长。这三年多时间，哈德曼夫人对胡先生的寂寞生活以调剂。"

这是对哈德曼最公平、最客观的评价。卸下大使职位的胡适流落在纽约，因为政治上的原因不能回国。为了维持生活，只有继续在美国各地讲学为生。

他的收入不高，孤身一人荡在异国，幸好得到哈德曼的倾心照料。无论是从身体健康方面，还是精神上，哈德曼都在尽自己的全力给予胡适最幸福的感受。

时至中年的胡适，需要的不就是这样的人吗？

年轻时，可以有情饮水饱，绯徊在花前月下，才子佳人吟诗作词，饮露赏月，过不食人间烟火的神仙生活——比如在烟霞洞中与曹诚英同居的数月，就被胡适称作"神仙般的日子"。这是胡适一生中最为美好的时光，即便到了晚年，仍时不时回味一番，无比怀念。

而与徐芳，则是人至中年的男人最为正常的反应。逐渐走入暮年，心已衰老，意已阑珊，那奔放与热情则显得特别诱人，动人心怀。况且，她又是那么的诗情画意，还有初尝爱情的天真与鲁莽的冲动，那是他逝去了的、早已找不回来的青春。

近些年，一场突然而至的心脏病，将胡适带到冷冰冰的现实。如若不是那杯偶然喝下的白兰地，恐怕已悄然去了黄泉。

惶恐之间，是哈德曼以一腔柔情默默地陪伴在他身边。不求回报，只为讨得胡适的欢心，令他过得舒服。她给了他舒适的生活，就已经足够了。他累了。同小女生委婉地绕圈子，开着车子到海边的月光下诉说衷肠，这些是很浪漫怡人的，但终究抵不上一顿可口丰盛的晚餐，一床柔软舒适的被褥，还有无微不至的关爱。

现实是，得了心脏病、住了77天医院的胡适，终究明白像哈德曼这样的女人，才是最踏实、最幸福的归宿。

谁都知道，胡适的妻子江冬秀没有什么文化素养，她可以当着众人的面，用脏字大骂胡适。在胡适与朋友谈天或者谈论学术问题的时候，兴冲冲地直接推门而入，用徽州地方土话大着嗓门毫不顾忌地指责丈夫。她识字不多，经常说胡适是与死人打交道的，因为胡适时常捧着古籍书做研究。她从来不看书。直到晚年，于20世纪50年代定居美国时，才进步到可以阅读武侠小说的地步。她永远不知道胡适的学问有多深，不知道自己的丈夫有多厉害。她不崇拜胡适，反而经常当着人贬低他："在我看来，胡适是一文不值的。"对一个安徽乡下没有文化的妇人来说，的确无法理解和知晓胡适在中国文化界的地位。

与这样的女人生活一辈子，无疑是需要极大的忍耐力。而胡适，自始至终尊敬着她。当然，欺瞒是免不了的。而对于一位曾经裹过脚的民国乡下女人来说，是被抛弃还是被欺瞒更痛苦呢？

不敢肯定江冬秀对胡适与哈德曼之间的关系一点不知。总是会留下一些蛛丝马迹的吧？她是看不懂英文的书信，但凭借女人天生的敏感以及对胡适的了解，不可能完全不知道

多少旧情多少梦

哈德曼的存在。整整九年，胡适做驻美大使的前后，有九年多的时间都独自生活在美国，是与江冬秀分居的。这么精明又厉害的女人，难道能相信胡适就那么老老实实地在美国待着吗？这么说来，江冬秀对于胡适在美国的一切，是睁一只眼闭一只眼的。

天生感性而以理性处事的胡适，对婚姻与爱情的理解自有一番独特的哲学。

20世纪50年代，蒋梦麟追求比他小二十余岁的徐贤乐（碰巧的是，徐贤乐恰恰是胡适数十年前的恋人徐芳的堂姐），很快到了谈婚论嫁的地步。作为挚交的胡适写信去规劝，但蒋梦麟已然陷得很深，一句都听不进去，甚至在一怒之下将胡适的来信撕碎了。据担任台湾省教育厅长的刘真先生说：

> "有一次与胡适先生谈天，说起了蒋先生与徐女士的婚姻，他说梦麟先生都七十几岁了，娶了个年轻的太太，难免会让她做寡妇。如果是实在忍受不住孤寂，不如找个年纪大一些的护士，陪着他住在一起，何必去结婚，搞得那么麻烦。"（摘自《刘真先生访谈记录》）

胡适能这么讲，明眼人都看得出来其中因由。联想当年，他与美国女看护哈德曼走得相当近乎，难免不让人浮想联翩。随着胡适的研究者逐渐深入，哈德曼这个人物渐渐浮上水面，名字为人所熟知。只是，关于她的身世背景，了解的还是实在稀少。

哈德曼写予胡适的信

1946年，胡适终于有机会回国了，并且如愿以偿地回到了北大并担任校长一职。

离开了生活六年多的美国，最放不下的，自然是相依为命多年的情人哈德曼。

而必须要回去，他是多么思念那片国土。中国，北平，北大。他的大部分朋友，他的根就在那片土壤，在那里的大学。美国再好，毕竟是别人的家。哈德曼再体贴，终究不是他的家人。

与哈德曼挥挥手道声再会，胡适走进轮船拥挤的人群中，渐渐消失不见。

此后，哈德曼与胡适见面的机会甚少，两个人大多是通过书信往来的。

哈德曼是个单身女人，好像也没有子女。她的时间很自由，所以得以将大部分的精力放在胡适身上。

在胡适离开的日子里，她最大的乐趣就是写信。

她不仅给胡适写，还会给韦莲司写。她与韦莲司的书信往来颇多，经常毫不顾忌地在信中大谈照顾胡适的心得体会。

多少旧情多少梦

相对来说，韦莲司比起哈德曼要内敛得多，不像哈德曼经常将与胡适之间的事拿出来分享。她很庄重，也很宽容。对哈德曼滔滔不绝地诉说与胡适相处的细节，经常是不加评论，只是倾听。

而哈德曼能与胡适相处多年，大概凭的就是这股热情劲儿。胡适本就相当内敛，红颜若比他更内敛，那二人将面对长久的沉默吧。看看哈德曼给胡适写的信吧，关于哈德曼的热情，先体验一下她在信中对胡适的称呼。

我的爱人（My Darling），我所爱的（My Beloved），最亲爱的（Dearest），我最珍爱的（My most Preciois），我一个人亲爱的（My own Dearest），爱人（Darling），最亲爱的孩子（Dearest Baby），我所爱的孩子（My Darling Baby），我珍爱的宠物（My Precious Pet），等等。

够丰富吧？若不是哈德曼本人即为心脏病的特别看护，肯定能考虑到病人的承受力，要不真难以想象半百年纪、有着心脏病史的胡适，是否能够承受得住这番热情。

再看看哈德曼的自称。

始终爱你的蕊蕾（Rily），始终爱你的丫头（Yatou），永远的蕊蕾（Rily）之类的，以中国人的习惯读来，不免感觉肉麻，而即可知双方之间的关系有多亲密。

关于公开披露哈德曼写给胡适的信中，每封信至少有三个以上"爱"这个字。在信中，她不仅将自己琐碎的生活慢慢地道来，还不住地叮嘱胡适注意身体，多活动，多休息。那份关爱溢于言表。

1949年4月6日，胡适从上海乘坐"克里夫总统号"轮船再次前往纽约定居。这一次，他的夫人江冬秀随之而来，因此与哈德曼不方便见面。而长久的分离，好不容易得以再次相聚，相思甚浓，因此经常依靠书信往来聊以相思。

1953年，他们的感情依旧深厚，哈德曼写给胡适的信读了让人脸红。

第一天的信：

"好想你。你绝不知道我爱你多深，多想回到美好的往日。"

第二天的信：

"我一个人最亲爱的：……当然你知道那一句话如一杯香槟酒中的泡泡似的进入我头中。使那情书成为最珍贵的。"

第三天的信：

"我极为想念你——我所爱的终生友人，我又陷入恋爱了。"

隔了数天的信：

多少旧情多少梦

"最亲爱的孩子……我爱你的信，我真爱你。"

他们几乎每天都通信，哈德曼写一封，胡适照例回一封。信或长或短，有时说些家常琐碎，有时诉说相思情。这大概是他们感情最为炽烈的阶段。

在胡适前往台湾之前的数年间，哈德曼与他的来往最为亲密，久久持续。下面是一封1955年间哈德曼写给胡适的信。

"最亲爱的：只想说我已到了，还有个可爱的房间（我相信可以看见海）和浴室。但最想要对你说的是，没有我的爱人，对我而言没有任何事是圆满的。你真需要这样的环境，就如我一般。抱歉我失去自我管制，就在一周前我不曾想过以后会再见到你，过去一年我有那么多病痛和苦恼。现在我完全相信他们有助于我，因而将痊愈。要进晚餐和闻到海的气息，然后就寝。缺了我的暖炉，好伤心啊！（Without My Stove, woe is me.）气温相当柔和，但我最想要的是围绕我的舒适臂膀。请别担心。永远的蓓蕾。"（哈德曼的信 1955年11月于大西洋休假）

哈德曼独自前往大西洋度假，舒适的环境，怡人的风景，一切都很美好，唯一遗憾的是身边没有亲密的爱人，便意味着不圆满。没有她的暖炉，也没有围绕她的舒适臂膀……

这个暖炉指的是什么？臂膀是谁的？

自然是收信的主人——胡适。

从这封信看，胡适与哈德曼曾经有过多么美好的生活。暖炉、臂膀……一个男人给予女人的，无非就是这些。当哈德曼独自在大西洋边享受着生活的时候，唯一深深思念的就是胡适。

而胡适，虽然没有留下具体的线索说明对哈德曼的情感，但是从一些地方，可以看出对哈德曼的重视程度。与曾经热恋过的洛维茨相比，胡适距离哈德曼则要亲近许多。

比如，1961年2月26日，胡适因心脏病住进了医院，他曾指示秘书将刊有他病情的英文报纸寄给了韦莲司和哈德曼，其中却没有洛维茨。韦莲司是胡适一生的朋友，联系始终很多。哈德曼要不是与胡适走得很近，恐怕胡适不会费心让人寄剪报的。

而早在1949年左右，哈德曼与韦莲司就有书信往来，她们之间的联系还是比较频繁的。韦莲司却不知道洛维茨的名字。仅此一点，便可对比出远近。

因距离而成朋友

胡适与哈德曼的交往，大概疏离于胡适回到台湾之后。别看胡适很理性，其实是最在乎感情的。和他相处得

久，自然情深。距离远了，感情便也淡了下来。因为他的朋友实在太多了，无论男女。

1958年4月8日，胡适从美国回到中国台湾，就任"中央研究院"院长一职，从此成天奔忙在无休止的社会活动中，乐此不疲。社会活动多，加之逐渐衰老，此时的胡适，已经快70岁了。对大洋彼岸的哈德曼，即便是有再多的热情，也会随着时间的推移而逐渐淡化。

而他们的通信依旧。

1960年底，哈德曼将她精心整理好的19页剪报寄给了胡适。在胡适旅美时，哈德曼除了做好看护之外，在胡适的指导下，还承担了秘书的工作。多少年来，哈德曼养成了做剪报的习惯。每当在报刊上见到与中国有关、有价值的内容，都会剪贴下来。

这封信中，除了剪报外，还有两幅可爱的漫画。

其中一幅为：一位护士手持着两本书，身边一位医生模样的人指着书问病床上躺着的病人："你看哪本？只能选择其一。"

另一幅为：洞穴里有两只胖胖的小熊。一只小熊低头读书，另一只小熊趴在一边说："希望你不要和去年一样，整个冬天都坐着读书。"

漫画的内容真叫人忍俊不禁，太有爱了！用这样的方式来提醒胡适注意身体，多活动，少读书，可以说是煞费苦心，用心良苦。想来70岁的胡适看到之后，一定是会心地一笑。

漫画中还有哈德曼送来的祝福："胡博士，新年快乐！蕊蕾。"

她还是自称"蕊蕾"，从前常见的"我最亲爱的""我的爱人"等称呼全然消失，取而代之的是"胡博士"。

爱情淡了，友情深了。虽然彼此再没有机会相见，但是在各自的生命中，对方还是那么重要。

现存哈德曼写给胡适的最后一封信，是于1961年12月12日寄出的。正值胡适生日的前夕，这是一封祝福生日的短信。

1962年2月24日，胡适在台北参加"中央研究院"举办的欢迎酒会，在发表演讲后，由于过度激动，突然倒地，额头碰撞到桌子的一角，当场猝死。站在附近的女记者李青来快步上前，将他扶起。但是已经晚了，一代大师魂魄已去。

消息传到海外之后，哈德曼痛不欲生。之后，她曾经积极地参与过韦莲司发起的翻译胡适著作一事。之后便消失，再也没有她的消息。

她原本即是普通的小小看护，如若不是认识了胡适，走近了胡适，历史上绝无这个名字留下。胡适走了，她的名字随即也在历史上消失，这是很自然的。

多少旧情多少梦

才子才女两相宜

张爱玲档案

原名：张瑛

英文名：Eileen

祖籍：河北省唐山市丰润区

出生地：上海市静安区麦根路常德公寓

出生日期：1920年9月30日

家人：祖父张佩纶，清末大臣，李鸿章的女婿。其文采
与张之洞并称，著有《涧于集》和《涧于日记》。
父亲张志沂，别号廷重。张佩纶之子，曾于1922
年在天津津浦铁路局任英文秘书，后沉迷在鸦片
中，败光了家业。与妻子离婚后留学英国，之后
娶孙宝琦之女孙用蕃。
母亲黄素琼，为黄宗炎之女，与丈夫张志沂离婚
后，远赴重洋，与徐悲鸿、蒋碧薇夫妇熟识，画
得一手好油画。
姑姑张茂渊，素与张爱玲投缘，曾与张爱玲的
母亲黄素琼一起远赴欧洲游学。常年与张爱玲
一起居住，张爱玲曾为之写过《姑姑语录》。

经历：1.1924年，进行私塾教育的开蒙。

2.1928年，开始学习钢琴、绘画、英文，阅读《红楼梦》《三国演义》等名著。

3.1930年，进黄氏小学插班读六年级。

4.1931年，进上海圣玛利亚女校读中学，跟随白俄罗斯老师学习钢琴弹奏。

5.1932年，首次在校刊发表小说《不幸的她》。

6.1938年，参加伦敦大学远东区考试，获得第一名。

7.因战乱未能远赴英国伦敦大学读书，1939年转而入读香港大学文科。

8.1940年，散文《我的天才梦》参加《西风》的纪念征文获得第十三名，荣誉奖，并在学校获得两项奖学金。

9.1943年，在《紫罗兰》杂志上发表小说《沉香屑第一炉香》，一时轰动，引起文坛的注意。同年，结识胡兰成。

10.从1943年至1945年间，陆续发表了《茉莉香片》《倾城之恋》《金锁记》《红玫瑰与白玫瑰》《心经》等重要作品，后将历年来的小说结集成《传奇》出版。

11.1956年，结识赖雅先生，同年结婚。

12.1960年，加入美国国籍。

才子才女两相宜

> 13.1995年9月8日，病逝于洛杉矶西木区公寓，享
> 年75岁。

　　小说《心经》发表于1943年8月的《万象》杂志，当时的张爱玲才23岁。如此年纪，却描绘出犀利老辣的故事，实在是令人惊叹不已。

　　《心经》讲的是一个有恋父情结的女孩子，故意想办法勾引父亲的故事。这是一个悲剧，调子很悲凉。结局是害了父亲，害了母亲，也难过了她——那个爱上自己父亲的女孩子。父亲逃不过她的几番勾引，又抵不了良心的谴责，最终与妻子离婚，娶了女儿的同学。

　　张爱玲曾经说过："女孩子有时候会情不自禁地去诱惑自己的父亲。"

　　这句话在那个时代实在是太惊世骇俗了。当年，她被父亲关押在家里达半年之久，后来逃了出来，与母亲和姑姑住在一起，从此再没有与父亲来往。但是在她的笔下，描绘出来的父亲往往充满着无限的温情。研究者推断：张爱玲是个有严重恋父情结的人。

　　童年的时候，张爱玲就阅读过胡适的作品。而第一次见面，是在1955年10月，张爱玲刚刚搬到纽约的时候。张爱玲在《忆适之》时写到第一次与胡适见面的情景。

"适之先生穿着长袍子。他太太带点安徽口音，我听着更觉得熟悉。她端丽的圆脸上看得出当年的模样，两手交握着站在当地，态度有点生涩，我想她也许有些地方永远是适之先生的学生。使我立刻想起读到的关于他们是旧式婚姻罕有的幸福的例子。"

不知为什么，描绘与胡适的第一次见面，倒是对他的夫人着笔更多一些。不知这个比胡适小将近30岁的女作家，是否带着一副挑剔的目光看待这位来自安徽乡下的老妇？

1956年，张爱玲遇到美国剧作家赖雅先生。半年后，与他成婚。

赖雅年长张爱玲30岁，是她主动追求他的。

1962年2月24日，胡适心脏病发，于酒会演讲后突然逝去。

得知消息后，张爱玲写道："我当时不过想着，在宴会上演讲后突然逝世，也就是从前所谓无疾而终，是真有福气。以他的为人，也是应当的。"

而后，当她编译《海上花列传》时，想若是先生在，是可以请他帮忙介绍的，而这时，想起他的人已经不在了，"往往一想起来眼睛背后一阵热，眼泪也流不出"。

张爱玲，这个面冷心热，看似清高实则自卑，有着强烈恋父情结的旷世天才，有没有曾在心底悄悄地爱过他——胡适呢？

敏感如胡适，是否知晓？

才子才女两相宜

自小就是她的偶像

张爱玲的父亲张廷重说不上多喜欢读书，但是由于家庭的关系，书桌上经常堆满了书籍。也不见他怎么去读，倒是这里那里地出去闲逛。

这些书籍就便宜了张爱玲和她的弟弟。张爱玲曾回忆说，在她读中学的时候，就和弟弟一起读由胡适作序的小说《海上花列传》。而在看这部小说之前，她早就读过了《胡适文存》。她甚至还记得《胡适文存》这本书被随意地放在窗下的书桌上，与一些不像样的书丢在一起。

说这话的口气，张爱玲像是为《胡适文存》颇打抱不平。

大概张廷重也是爱胡适的，那本《海上花列传》就是看了胡适的考证才买了回来。而胡适写了三万多考证资料的《醒世姻缘传》，则是张爱玲破例拿了四块钱买的。买回来后，弟弟抢着要看，她只好让弟弟先看第一、二册，自己可怜巴巴地看第三册。幸好熟读了考证，读起来也不算费劲。

对于《醒世姻缘传》的喜爱，张爱玲其后还着实叙述了一番。在香港大学读书时，正是太平洋战争爆发之时，日本人正在奋力攻打香港，张爱玲是一名防空员，和其他防空员都在冯平山图书馆。她无意中发现了一部《醒世姻缘传》，忙爱不释手地抓在手里，一连几天看得都抬不起头来。房顶上装着高射炮，已经是轰炸的目标，一颗颗炸弹落下来，越落越近，她只是痴痴地想：至少要等她看完了吧。

张爱玲的姑姑张茂渊与母亲黄素琼都是新派女子，二人曾经相携跑去欧洲游学。归国后，又住在一起。张爱玲与父亲闹翻之后，就逃去与母亲、姑姑同住。

姑姑曾经向张廷重借了《胡适文存》去看，后来因为张爱玲的事兄妹闹翻了，不再说话，书自然也就不再归还。

张茂渊和黄素琼在欧洲游学时，竟然曾经与胡适在一张牌桌上打过牌。想来当年她们到了英国，与胡适碰到一块儿是极有可能的。

之后在上海的时候，与胡适也有过接触。毕竟上海的圈子就那么大，来来回回无非就是那些人。

张爱玲还能忆起抗战胜利的时候，报纸上刊登着胡适的照片，脸上满是笑容，打着个大圆点的领结，张茂渊看着照片笑道："胡适之这样的年轻！"

胡适比张茂渊要大10岁，她夸他年轻的时候，胡适已是年近50的中年人了。张爱玲才不过二十出头。

1944年，张爱玲所写《诗与胡说》中讲：

"中国的新诗，经过胡适，经过刘半农、徐志摩，就连后来的朱湘，走的都像是绝路，用唐朝人的方式来说我们的心事，仿佛好的都已经给人说完了，用自己的话呢，不知怎么总说得不像话，真是急人的事。"

才子才女两相宜

　　这一年，张爱玲24岁。评论起文坛中的前辈，仿佛在数家常般的坦然。这便能解释23岁的她，将小说原稿包在一张纸里，竟然极为淡定地径直叩响《紫罗兰》主编周瘦鹃的家门。同样，24岁时她又是拎着书稿，独闯《万象》编辑部，一进门，第一句话就是问："柯灵在吗？"

　　那一刻的张爱玲是自信的，这份自信源于对自己作品的肯定。

　　但是，当她提笔给胡适写信的时候，则变得谦虚许多。

　　1954年10月25日，张爱玲从香港给胡适寄了本自己新写的小说《秧歌》，同时写了封信，说希望这部小说有一点像他考证过的《海上花》，那样的"平和而近自然"就好了。

　　当时，张爱玲的小说《秧歌》刚出版，就想起了母亲、姑姑还有自己都很敬仰的胡适。在她很小的时候，胡适就是中国文坛重量级别的人物。上学时的国文课本里，就有他的文章。当张爱玲从朋友那里得知胡适在普林斯顿大学担任图书馆馆长时，就要了他的地址，写了信寄过去。

　　这个时候的张爱玲，虽然在上海小有名气，但终究还是很小众化。可以这么说，胡适可能没听说过张爱玲，而张爱玲一定知道胡适。作为五四运动的领军人物，胡适的影响力是写小说的张爱玲无法比拟的。况且，张爱玲打小就以胡适为偶像，所以当她写信的时候，难免内心惴惴然般的紧张。

　　1955年1月，张爱玲收到了胡适寄来的点评，真是喜出望外。胡适在信中说：

"你这本《秧歌》，我仔细看了两遍，我很高兴能
看见这本很有文学价值的作品。你自己说的'有一点接
近平淡而近自然的境界'，我认为你在这个方面已做到
了很成功的地步！这本小说，从头到尾，写的是'饥
饿'，——也许你曾想到用《饿》做书名，写得真好，
真有'平淡而近自然'的细致工夫。"

　　胡适前后两遍反复提到了"平淡而近自然"，这句张爱
玲极想要的评语，可见对这部小说的喜欢程度。他甚至在
《秧歌》一书的扉页上题词，称："近年我读的中国文艺作
品，此书当然是最好的了。"

　　胡适给予《秧歌》极高的评价，其中是有原因的。《秧
歌》这部小说是张爱玲刚到香港时写的，那会儿她刚从大陆
跑出来，内心充满了困惑，她将自己政治上的情绪带进了这
部小说里。而这股情绪，恰恰与胡适不谋而合。被台湾抛弃
的胡适，无比怀念当年在北平的时光。张爱玲的《秧歌》表
述的就是这股情绪，因而胡适给予了极高的评价。实则，无
论是从现实意义上还是从深刻性上来说，肯定不是张爱玲最
好的小说。

　　无论怎样，偶像给予自己的小说如此高的评价——这个
评价正是她最满意的答案，张爱玲的心情不是以激动可以形
容的。

　　从胡适热情而认真的回信中，张爱玲看出了胡适待人的
态度，随和而真诚。从前她一直以为这位在自己心目中高高

才子才女两相宜

在上的人物，是那么的遥不可及，根本没有机会触碰到。谁知接触下来，竟然是如此平易近人。

来到香港后，读者群大幅度地减少了，没有多少人看她的小说，张爱玲一度感到十分迷茫。而胡适的这番评语，无疑给了张爱玲极大的勇气，十分感激胡适的知遇之恩。

这也就是向来自卑怯懦的她，为什么到纽约之后，会在第一时间前去胡适家拜访。

对胡适的第一次拜访

1955年的秋天，香港的维多利亚港口，一艘"克利夫兰总统号"轮船缓缓地驶离了港口，向美国的方向而去。这艘轮船上载着一个孤独的女子，她的名字就叫张爱玲。

因为美国新近颁布了一个难民法令，允许有所特长的人以难民的身份前往，居住到一定的时日，可以取得绿卡，之后还可以加入美国国籍。

趁此机会，张爱玲来到了美国。她先是与炎樱暂时住在一起，后来以难民的身份住进了纽约救世军办的女子宿舍。

她来到纽约做的第一件事，就是去拜访胡适。

张爱玲是很怕见生人的，又极自卑——若不是胡适的来信做鼓励，她是绝对不敢登门拜访的。

到达纽约10天之后，张爱玲叫上好友炎樱，一起前往胡适的家。

拉着炎樱，算是为她壮壮胆。

> "那条街上一排白色水泥方块房子，门洞里现出楼梯，完全是港式公寓房子，那天下午晒着太阳，我都有点恍惚起来，仿佛还在香港。"（张爱玲《忆适之》）

对于与胡适的相见，张爱玲是记得很清楚的，清楚到每一个细节。她对胡适是那么崇拜，但是表现却很怯然。她本身就是不善交际、不善言辞的人，更加不会说世俗的客套话。她的精彩，她的洞悉，都在锐利的眼眸之中，在深藏的内心世界里。

张爱玲不善表达，见陌生人又很害羞，怯怯地一般只是做听众。同去的炎樱便说了很多的话，给胡适夫妇留下了很好的印象。

张爱玲用一双洞察世间万物的眼眸在默默地观察。

> "适之先生穿着长袍子。他太太带点安徽口音，我听着更觉得熟悉。她端丽的圆脸上看得出当年的模样，两手交握着站在当地，态度有点生涩，我想她也许有些地方永远是适之先生的学生。使我立刻想起读到的关于他们是旧式婚姻罕有的幸福的例子。他们俩都很喜欢炎樱，问她是哪里人。"（张爱玲《忆适之》）

才子才女两相宜

　　她是去看望胡适的，目光却在他夫人的身上停留得多一些。这其中一定是有原因的。她替他不值，认为他夫人一点都配不上他。

　　张爱玲的观念是爱情与婚姻的结合，是完全西方化的。她认为有了爱情才能谈论婚姻，如果没有爱情，宁愿孤单一人生活，绝对不会染指婚姻。

　　而胡适的爱情婚姻观介于中国文化与西方文化之间。因为孝道，他选择了江冬秀做妻子，并且一生都没有抛弃。当年，陈独秀曾经拍着桌子对他大喊："要是你拿我当朋友，今天就和丑老婆离婚！"正如张爱玲犀利的目光所见到的，"她也许有些地方永远是适之先生的学生"，但是胡适完全包容了这一切，其原因正是他将爱情与婚姻完全地分割。爱情是两情相悦，婚姻则意味着责任与承担。

　　也许，仅从这一点上看，胡适与张爱玲的关系永远只能是远远地互视，怜悯，懂得，但没有机会走得再近一些。

　　张爱玲的心就像是一口悠悠的深潭，深沉，见不得底。而胡适不是作家，从不写小说，属于学者，多以研究者的眼光审视，再就是诗歌写得多些。张爱玲从不写诗，她的作品全是现实性的，深刻到令人害怕。认识她之前，胡适并没有读过张爱玲的作品，无从得知张爱玲对于人性的洞察之深。但是他的一生阅人无数，尤其是对女性颇为了解。在他认识的所有女性中，张爱玲是最特别的一位，也是最令他琢磨不透的一位。

　　他比她大30岁。但是，那天坐在对面，有一搭无一搭地谈天，大多数都是炎樱在不停地说话，缓和了略显沉闷的气氛。张爱玲并不怎么开口，略显拘谨，但她的眼睛犹如一道强有力的光芒，能够看到人的心里面去。

这一面，胡适觉得她就像是一团谜，难以解开。

当从胡适的家里出来，炎樱也对他很有兴趣。外出打听，回来时说："你的那位胡博士不大有人知道，没有林语堂出名。"

这个时候，张爱玲颇不服气，禁不住站出来替胡适说话。外国人哪里知道五四运动对于中国人有多重要，她甚至连着责怪起外国人来，屡次发现他们不了解现代中国，都是因为不知五四运动对现代中国的影响有多么深远。

她意志坚定地维护着心中的偶像，任谁都无法替代。

书房里的交谈

1955年这段日子，胡适正经历着人生当中的最低潮。

他担任的普林斯顿图书馆馆长，只是个闲职，成天带着一名助手无所事事。后来，就连这份闲差也没了。没有事做，就成天泡在哥伦比亚的图书馆里，翻阅着各类中文报刊，就连赠阅的《侨报》也每个角落都不放过地仔细阅读。此时的他，和大多数的退休老人一样，寂寞、无聊。这个时

才子才女两相宜

候，再没人自豪地称他"我的朋友胡适之"，前来拜访他的人，寥寥无几。

时隔不久，待再次前去拜访胡适，张爱玲是单独去的，没有带炎樱。

胡夫人放下了茶，便离开了。留下胡适与张爱玲二人坐在书房，静静地谈话。

张爱玲不喜说话，却擅观察。不作声的时候，将整个书房看了个遍。她看到书房一大溜儿的书架，沿着整道墙几乎与屋顶同齐。

对于胡适的家来说，书房里有这么一排书架实属正常。令张爱玲惊奇的是，书架上并无书籍，摆放的是一只只文件夹。大部分都露出里面夹着的纸，看上去，整理起来十分费力。张爱玲见了，不由一阵心悸。她暗自猜想，这大概就是胡适为研究《水经注》所需的资料。

就是在这天的谈话中，胡适无意中得知张爱玲的祖父就是对胡家有恩的晚清名臣张佩纶，不觉立时将二人的距离拉近许多。

当年，张佩纶事业如日中天时，胡适的父亲胡时找上门去，诚请张佩纶为他写一封推荐信。胡时在这个时候已经年过四十，仍是一名毫无作为的秀才。

想不到素昧平生的张佩纶竟然答应了下来。胡时就带着推荐信，找到了东北的钦差大臣吴大澂。不知是由于张佩纶的推荐信写得好，还是时来运转，吴大澂一眼看中了胡时，将他留在身边做幕僚。从此，胡时走进了官场。

后来，张佩纶因事遭贬，胡时还曾写信慰问，同时寄去200两银子，令张佩纶深为感动，并将此事写入当天的日记里。

这段典故，张爱玲全然不知。

对于祖父，起先听父亲与客人们提过。后来因为讲了许多人名，张爱玲全不认得，话题自然便听不大懂，于是便放弃了聆听。直到看了《孽海花》，便又对祖父生起了兴趣，谁知去问父亲，却得到一个否定的回答。再问得多了，父亲抛下一句"自己去看爷爷的集子好了"。张爱玲只好自己跑去找来爷爷的线装书，捧着阅读，却也没有看出什么所以然来。

这就是张爱玲对祖父的认识。没有人对她提过写推荐信的事。对于张家来说，那只是很小的小事罢了。

但对于胡家来说，则是天大的事。若是没有张佩纶的推荐信，就没有现在的胡家。

1946年的时候，胡适在北京一家书店里见过张佩纶所著的《涧于日记》。胡适随意地打开翻看，发现里面写有父亲的名字。

由于这段渊源，胡适感到坐在对面、半天不作一声的张爱玲特别亲切。

胡适历来都是健谈之人，谈起天来口若悬河。怎奈张爱玲生来寡言，不善交际，再加上对着偶像——如同神明一般的，更是说不出话来。

她所能忆起的两段话，一是谈大陆的"军事征服"，张爱玲只觉搭不上话，胡适立即换了话题；二是建议张爱玲去哥伦比亚的图书馆看书。

胡适之所以这么建议，因为他每天从早到晚都守在那里。张爱玲的习惯是借了书回家，不习惯在图书馆里长久地停留。他们的不同习惯，是由个性决定的。胡适喜欢热闹，所以到人多的图书馆。张爱玲喜静，爱孤独，所以愿意躲在家中读书。

听罢胡适关于图书馆的建议，张爱玲只是轻轻地一笑，没有说话。胡适便又马上换了话题。

她很为自己在语言上的愚钝而遗憾，暗暗地责备自己，却不知道此刻的胡适正体会着深深的寂寞。

很难得有个人前来拜访他。而今，他的生活圈子就这么的狭窄。哥伦比亚图书馆是最常去的地方，也是他最喜欢待的地儿，因此有意无意中，便推荐给张爱玲。而谈起大陆，大概是有些幽怨，这种幽怨之中，有对辉煌过去的留恋，还有对现实的无奈感。他想念过去的北平，还有过去的北大。如果不是政治因素，此时的他，一定不会如此落魄，而是在北平的胡同里，他的家中有一班朋友饮酒畅谈，不亦乐乎。何至于现在的凄惨？

当时的张爱玲不了解胡适此时的心情，但敏锐的她能感到胡适的落魄还有浓浓的孤单感。不然，聊了那么久，不善言谈的她，一定还错过了许多话题，为什么单单就挑出了这两条写到《忆胡适之》里？

胡适爱才，张爱玲同是。若是他们早一些相识，再倒退十年，胡适正当意气风发，张爱玲仍年轻气盛，是不是会在触碰中产生火花？

而这次见面，有没有产生零星的火花呢？

　　要说张爱玲这里，一定是有火花的。

　　在她的一生中，结交的人物也不算少，包括第二任丈夫赖雅，始终没见她用多少笔触来描绘。唯有胡适，洋洋洒洒数千字，写了那么长的文字给他。《忆胡适之》，在她的生命中，还有谁如胡适这般在她心目中留下深刻的印记？

　　胡适对于张爱玲微妙的情感一定是有所觉察的。如若是在青年时代，他一定会热烈地爱上这位有才华的女作家。

　　在他结交的红颜中，对才华的热爱随着年龄的增长而减少。当年爱上韦莲司，爱的就是她的才华以及特立独行的个性。后来遇到陈衡哲，也没有什么过人的容貌，但是才华出众。后来呢，徐芳也有才，但是她的才华和胡适从前遇到的女性是无法相比的。胡适喜欢她更多的是新鲜的活力。到了近些年，与胡适来往密切的哈德曼，则与才华无缘了，一点心灵上的交流也无，仅仅是现实生活的需要而已。

　　胡适的这种奇怪的情感需求，大概是出于男人的本能反应更多一些。

　　按说，见面是可以拉近彼此的距离，使有好感的人更加亲近。然而张爱玲与胡适的两次见面，看上去反倒不如在信中的交流来得畅快。

　　与偶像见面，是不是极容易使偶像幻灭？在晚辈张爱玲的面前，胡适没有掩饰自己的狼狈与落魄。他坦然地告诉她自己在给《外交》（*Foreign Affairs*）杂志写文章时，甚至略微尴尬地笑了笑，补充一句："他们是要改的"。中国文化

才子才女两相宜

大师级的人物，哪个人有勇气改他的文章？即便是在美国，十几年前，胡适也是主流社会的风云人物，时常登上各大报刊，与罗斯福等人开会交流。而现在……当听到炎樱讲，胡适在美国没有多少人认得，张爱玲就很不服气，觉得美国人并不了解中国文化。现在听到胡适写给一家名不见经传的小杂志，竟然还需要审核修改，那是从心头荡起怎样的悲凉？

此时的张爱玲，初到美国是抱着满腔的热血，想做出比林语堂更好的成绩来，却悲哀地发现根本无法融入到美国的文化圈里。

胡适，也同样处于人生的低潮。他就像一个普通的退休教师，每日出入图书馆，靠给杂志写小文章为生。

这就是这群中国文化名人来到美国时的生活。

感恩节的电话

转眼间，这一年的感恩节到了。

大概是怕张爱玲寂寞，体贴细心的胡适给张爱玲打电话，约她与他们夫妇一起去吃中国馆子。

张爱玲接到电话时，肯定是极为高兴的。她很想和这位偶像多在一起，虽然经常怯怯地不敢开口说话，但与胡适接触的点点滴滴，都深刻地铭记在心头。

越是逢年过节，孤单的感觉越浓。张爱玲独自一人从内地跑到了香港，然后又孤身来到了美国。事业无落，心中一定是更加寂寞。胡适也是因为这个，才专门打电话约她出去。

　　怎奈事不凑巧。张爱玲虽然孤单，但总归有好友炎樱相陪。这一点，胡适可能没有想到。

　　张爱玲抱歉地回答说，她刚刚与炎樱吃饭回来，因着凉，正在呕吐。胡适说了声那罢了，本来是怕感恩节，你一人寂寞。

　　对于胡适的邀请，张爱玲是感激的。她没料到胡适如此的细心。放下电话后，不知有没有后悔先与炎樱出去吃饭。

　　炎樱来得早，人又活泼，在这里交了些朋友。感恩节这天，拉着张爱玲去一个美国女人家里吃饭。

　　想不到去的人很多，密密地坐在桌前，对着桌上新出炉的烤鸭，热切地边吃边聊。这些人张爱玲都不认得，她只和炎樱来往。而这种气氛是她很喜欢的，有点像中国人的大家庭聚在一起。感恩节，她本来是不过这个节日的，但因为这样的一顿饭，内心温暖了起来。

　　吃得很饱、很暖。从朋友家走出来，天已经完全黑了下来。满街的霓虹灯闪烁，橱窗里的灯光将道路照得如白昼般明亮。

　　只是很冷。在屋内本来就热度很高，再加上人多，热气更是弥漫。张爱玲贪凉，出来时将外套拿在手里，只穿着一件薄衫。

　　谁知，到了街上寒风一激，只觉心都冷得彻骨了，冻得

才子才女两相宜

瑟瑟发抖，忙将外套穿上。因身上还在冒汗，即便是有外套，还是无法抵御阵阵袭来的寒气。

与炎樱边走边欣赏着街道的夜景。街道的路是深灰色的，霓虹灯光一闪一闪的甚为好看。初看上去，与上海没什么两样。

这晚，张爱玲特别高兴。大概是见到了美国与上海的相同之处，还有那么多朋友一起，吃得热闹的关系。

然而，刚踏进门，她就觉得不舒服，整整吐了半天。

这才停下一会儿，就接到了胡适的电话。

她是多想去的啊！怎奈身体不争气。

而就算是最后没有去成，但胡适的这个电话，会不会可以算是感恩节的神秘礼物，令张爱玲的心情无端地好起来？

到这个时候，张爱玲的心底，那种崇拜之中滋生的情感，渐渐地升腾，再升腾……

之后的年头里，在感恩节的那天，不知胡适有没有再请张爱玲下中国馆子？

与胡适一起凝望赫贞江

来到美国以后，张爱玲不停地找工作，但是忙了好久，始终没有好的结果。这不合适，那不合适的。想来，她从来都没打过工，不知道该如何工作。打小吃惯了祖业，如今实在是难以适应。

　　总住在炎樱那里也不是事儿。张爱玲向来不愿意麻烦别人，哪怕是最好的朋友。于是，通过炎樱的一个朋友介绍，她申请进了救世军办的职业女宿舍。

　　救世军是美国的一个基督教教派，经常做一些街头布施等慈善活动，还有其他的社会服务。用张爱玲的话说，就是专门救济穷人的。穷人，从张爱玲的口里说出来，实在是不易。想当年，她所见过的穷人，顶多也就是家中的佣人。而她现在的境地，与当年家中的佣人比起来，不知要相差多少倍。

　　而那职业女宿舍，说穿了，就是个难民营，就这还是申请了好久才批下来的。由于相当的不体面，即便是住在里面的女孩子提起它的名称，也会讪讪地笑。

　　张爱玲提着简单的行李，住进了职业女宿舍。本来她是做好思想准备的，难民营，肯定条件又脏又差的。但是，以她的阅历，决然想不到能脏差到什么程度。

　　从上海逃出来这些年，她也没少吃苦。但在香港时，好歹有些读者群，写出的书能卖出去一些，勉强有点收入。来到美国之后，原本是做着瑰丽的梦，希望有所作为，而这梦随着时间的流逝，渐渐地破碎了。而今搞得住难民营，吃饭都成问题了。

　　其实，落魄成这个样子，还有个原因，她放不下所谓的身份。即便是没落贵族，无论如何总是有份矜持与庄重，不肯做粗鄙的工作。她最喜欢的，是在大学里教书。

才子才女两相宜

而做大学教授，需要的不仅是大学文凭，而是要博士。当年她在香港大学读书，因赶上战乱大学没有读完，所以连学士文凭都没有。在美国这个注重文凭的社会里，没有大学文凭，根本找不到相对体面的工作。而张爱玲宁愿饿着肚子，也不肯去拿不体面的工资。虽然她极有才华，是个有名气的小说家，但是到了新的地方，没有人认识她，一切只有从头来过。

而今唯有职业女宿舍可以容她居住，而这里都是些什么人呢？穷困潦倒的酒鬼，坐等养老、整天絮叨的胖太太，餐厅里帮着代煮咖啡的流浪汉，有气无力的瘦弱老头，等等。

和这些人住在一起，向来心高气傲、被人夸耀为天才的张爱玲，怎会安心度日？与一群流浪汉住在一起，则是在时刻提醒着她，而今已经沦落到社会的最底层。

幸好不久之后，胡适前来看望她。

张爱玲请胡适到客厅里坐。这个客厅不像是自家的客厅，有沙发和茶几，还可以煮些咖啡或者茶来款待客人。说是客厅，只是个好听的称呼罢了。那里黑乎乎的，看上去有学校的礼堂那么大，前方有个讲台，讲台上摆放着一架钢琴，下面则散落着一些破旧的沙发。

张爱玲也是第一次进去。之前常听干事鼓励大家多去喝茶，谁都不肯去，哪里想到竟是这番情景。张爱玲觉得颇不好意思，只有不住地笑，不知道该说些什么。

胡适倒是不住地称好，看上去很情真意切，不像是说虚伪的客套话。他们坐了一会儿，便走了出来。边走，胡适东张西望地观看，仍然不住地称好。

这时，敏感的张爱玲暗想：他一定是在称赞我没有虚荣心，而心里却在和他做着对比。想当年，胡适在美留学时，某一夜参加篝火晚会的盛况，曾经被胡适写出来过。不知怎的，张爱玲突然想到了这些。

张爱玲的自卑心理，简直无处不在。面对偶像，居住在这样的环境里，肯定是愧于相见的。但她不曾想到，同样是落魄至此的胡适，或许是欣赏她甘于苦难的平常心。因为他自己就是如此，在美国落寞了数年后，最终回了台湾，担任了"中央研究院"院长一职，又风光了一些年。

张爱玲不知这些，只是不断地回忆着胡适年轻时最璀璨的瞬间……

张爱玲将胡适送到了大门外，站在台阶上说话。

这一场景，后来隔了多年，写进了《忆胡适之》的散文里。也许是初入女子宿舍，张爱玲的心犹如悬在半空中，七上八下的难受。上一次感恩节的邀约，虽然她没有去成，但是对胡适的感情自然地加深了，有着微微的依赖。

或者，还有别的什么。总之这一夜，于双方而言，似乎多了些说不出道不明的滋味。因而多年后的张爱玲回忆起这一幕，不免笔端带了数分的深情。

"天冷，风大，隔着条街从赫贞江即赫德逊河上

才子才女两相宜

吹来。适之先生望着街口露出的一角空蒙的灰色河面，河上有雾，不知道怎么笑眯眯地老是望着，看怔住了。他围巾裹得严严的，脖子缩在半旧的黑大衣里，厚实的肩背，头脸相当大，整个凝成一座古铜半身像。我忽然一阵凛然，想着：原来是真像人家说的那样。而我向来相信凡是偶像都有"黏土脚"，否则就站不住，不可信。我出来没穿大衣，里面暖气太热，只穿着件大挖领的夏衣，倒也一点都不冷，站久了只觉得风飕飕的。我也跟着向河上望过去微笑着，可是仿佛有一阵悲风，隔着十万八千里从时代的深处吹出来，吹得眼睛都睁不开。那是我最后一次看见适之先生。"（张爱玲《忆胡适之》）

于胡适而言，赫贞江畔有着特殊的蕴意，彻骨般的相思。而这个看起来貌似普通的夜晚，寒风轻拂，佳人在右，不由想得痴了。

而此刻，敏感多情的胡适，只有在言语上多加安慰和支持，再帮不上其他的忙。他仍是在水深火热之中，自身难保，又拿什么来拯救她？便不住地称好，好，只望她可以放松一些。因为他一进来，就见到那张消瘦的脸，泛着些微红，还有讪讪的笑意。她那样孤傲的人，住在这样的地方，怎会心安？他在尽力，想带给她快乐，却是满心的疼痛不已。为她，也为自己。

从女子宿舍出来，张爱玲本是送胡适的，不想两人就这么呆呆地在门前站立了许久。任江畔的寒风吹来，起初，因着屋里暖，仗着年轻，以为出来送人只是片刻的工夫，所以没有穿大衣。谁想到他们竟会相对两无言，痴痴地站着。直到身上冷飕飕地发凉，也不知到底站了多久。

到了这时，张爱玲还会以为胡适待她真的是那么单纯，没半分特别的情意吗？

这是张爱玲与胡适相见的最后一面。那站在江边的古铜半身像，犹如刻在心头一般，久久地在心头不曾散去。

以她的早熟，对世事的洞察力，很难喜欢上同龄的男子。她对年长的异性有着强烈的冲动。第一次见胡兰成，就听他滔滔不绝地说了五个小时，随后在送给他的照片上写："在你的面前，我很低很低，低到尘埃之中。"

胡兰成，大她15岁。

现在是胡适，大她30岁。他更像是父亲的角色。她多想像小说中的小寒那样，主动地接近他啊。

但在偶像的面前，实在没有行动的勇气。

如果不是处在这番尴尬境地，遇见对自己有感觉的偶像，张爱玲会不会奋不顾身地去追求？

这大概就是她向着风吹来的方向望去，只觉一阵悲风，隔着千里万里吹来，吹得她睁不开眼睛的原因。

才子才女两相宜

恋父情结

第二年，张爱玲搬去了纽英伦，走前不知和胡适打招呼没有。她努力想办法自立，生存下去，怎奈现实总是让她碰壁。在数度求职均失败的情况下，她决定效仿当地的贫困艺术家，向新罕布什尔州麦克道威尔文艺营提出申请。

这个文艺营是由著名的作曲家爱德华·麦道伟的妻子马琳·麦道伟，用丈夫留下的遗产创立的一家慈善机构。要是哪位艺术家缺少金钱，就可以递交申请，批准后到这个文艺营里居住半年。居住期间所有的吃、住完全免费提供，以方便艺术家安心创作。

张爱玲住进了这家文艺营，并且在此地认识了德裔美国剧作家费迪南·赖雅先生。

张爱玲与赖雅很快就熟悉起来，彼此的印象极好。他们十分愉快地谈文学，谈人生，谈各自的过去，颇有相见恨晚的感觉。

5月12日，他们认识还不到两个月，就住到了一间房里。

这一年，张爱玲36岁，赖雅66岁，他俩足足相差30岁。赖雅正好与胡适同一年出生的，不知是命里注定还是巧合。

他们住在一起的第三天，赖雅在文艺营的时间到期了，他不得不离开。张爱玲送他离开，还将自己仅有的一点点送给了他。

又过了一个多月，张爱玲也离开了文艺营。不久后，她发现自己怀孕了，便给赖雅去了封信。赖雅认为自己应该对她负责，却不想要这个未出世的孩子。这一点，与张爱玲相同。她连自己都照顾不好，怎么可能担起养育孩子的责任。

于是，张爱玲打掉了孩子，然后与这个认识不过半年、年已66岁高龄，并且身体多病，曾经发生过两次中风的老男人结婚。

孤单的她漂泊在异国他乡，迫切地想找一个依靠。赖雅可以给予一切，满足她对男性的一切想象。

张爱玲过38岁生日的那天，联邦调查局派人调查赖雅的欠款情况。赖雅很担心为此破坏了生日的气氛，费了很大的力气，终于将调查员劝走了。那天，他们做了一点有青豆和少许肉的菜，吃完饭又一起看了场电影，之后在寒风中走回家，到了家，又将中午的剩菜热了热吃掉。张爱玲对赖雅说：这是她有生以来最为快乐的生日。

他们过了几年贫困而又快乐的日子。到了1958年10月，他们夫妻从麦克道维尔出来，想去南加州亨廷顿·哈特福基金会住些天，以渡难关。他们这些年都是这么过来的，从一家文艺营出来，再进另一家。而这家需要推荐人，张爱玲便想到了胡适。

张爱玲给胡适写了封长信，除了主要请胡适写推荐信之外，还将自己的创作情况说了一下，并称待得新小说刊登出

才子才女两相宜

来，就会寄给他看。

胡适答应了她，并且在信中将三年前送他那本《秧歌》还给了她。张爱玲收到了小说，只见通篇均画满了批写的痕迹，扉页还题上了字，可见当年胡适的用心。她看了，不觉心头一震，感激得话都说不出来。又不知如何表达，后来写了封短信过去表示感谢。

之后不久，胡适携夫人去了台湾，任职"中央研究院"院长，临走前没有通知张爱玲。她还是过了好久从报纸上看到的消息。

想来她已经有了赖雅，精神上的生活很是惬意，再就是又忙着求生，以求吃饱饭，所以对胡适的消息没有多在意。

甚至是当胡适逝去的消息传来，一刹那间，她竟有些发愣。也没见多悲哀，只是惘惘的，不知所措。大概，在她的心里早已将胡适当作历史人物。她整日忙着如何养活自己和丈夫，早已将前尘往事忘记。而在她看来，能在会议上突然而逝，对于老人来说，未尝不是一件好事。